Oskar Lafontaine

Deutsche Wahrheiten

Die nationale und
die soziale Frage

Hoffmann und Campe

CIP-Titelaufnahme der Deutschen Bibliothek

Lafontaine, Oskar:
Deutsche Wahrheiten: die nationale und soziale Frage /
Oskar Lafontaine.
– 1. Aufl. – Hamburg: Hoffmann u. Campe, 1990
ISBN 3-455-08371-4

Copyright © 1990 by Hoffmann und Campe Verlag, Hamburg
Schutzumschlaggestaltung: Werner Rebhuhn
Satz: Utesch Satztechnik GmbH, Hamburg
Druck und Bindung: Mohndruck, Gütersloh
Printed in Germany

Inhalt

Einleitung: Ende und Neubeginn   7

I. Das Ende des Kommunismus   9

    Stationen rückwärts   13
    Die Ära Gorbatschow   22
    Die Verhaftung der Kultur   31
    Was bleibt von Karl Marx?   34
    Das philosophische Fundament des Marxismus   36
    Die politische Ökonomie als gesellschaftliche Evolutionstheorie   39
    Die Rolle der Partei   41
    Demokratie und Vernunft   42
    Marktwirtschaft und Demokratie   45

II. Auf dem Weg in ein kollektives Sicherheitssystem   49

    Die allerneueste Unübersichtlichkeit   51
    Die Ausgangslage   56
    Die Labilität der Sowjetunion und die Emanzipation der Satellitenstaaten   65
    Dynamisierung der Abrüstung   67
    Die Akteure der Sicherheitspolitik   68
    Der Aufbau eines europäischen Sicherheitssystems   75
    Die militärpolitischen Konsequenzen   77
    Andere Einrichtungen europäischer Sicherheitspolitik   80

III. Die »Aufhebung« des Nationalstaats   85

IV. Für eine »Nation Europa«   117

V. Integration und Ausgrenzung: droht ein
neuer Nationalismus in Deutschland? 149

Ausländer, Aussiedler, Übersiedler 152
Für eine demokratische Asylpolitik 166
Ein neuer Nationalismus in Deutschland? 169
Was heißt deutsche Einheit? 174

VI. Die soziale Frage steht über der
nationalen Frage 185

Die Moral der Währungsunion 187
Der Produktionsstandort »DDR« 191
Die Rolle der Sozialunion 196
Gerechtigkeit hier und dort 198
Richtiges Teilen 202
Gleichheit und Ungleichheit 205

VII. Ein ökologisch ausgerichtetes Wettbewerbsmodell für Deutschland 217

Wachstum um jeden Preis? 219
Eine Marktwirtschaft für die DDR 230
Die Aufgabe 232
Für eine ökologische Demokratie 236
Zwei konkurrierende Modelle 239
Solidarität und Ethik einer universellen
Verantwortung 243

Einleitung: Ende und Neubeginn

Das zwanzigste Jahrhundert geht zu Ende. Eine »Fin-de-siècle«-Stimmung macht sich schon seit einigen Jahren unter den politischen Kommentatoren breit. Vom Ende des ideologischen Zeitalters sprechen Historiker schon seit geraumer Zeit. Soziologen prophezeien das Ende der Arbeitsgesellschaft. Auch vom Ende des sozialdemokratischen Jahrhunderts war die Rede. Neuerdings, nach dem Bankrott der kommunistischen Kommandowirtschaften, sieht man in Amerika gar das Ende der Geschichte gekommen: Der Kapitalismus habe sich endgültig durchgesetzt und werde die Zukunft für alle Zeit bestimmen. Ausgerechnet jener Kapitalismus also, der seit 150 Jahren von gläubigen Kommunisten totgesagt wird, ausgerechnet der ist nicht am Ende, ist lebendiger und attraktiver denn je. Am Ende hingegen ist der Kommunismus, dem in den marxistischen Dogmen die Zukunft verheißen war. Das große Experiment ist mißglückt. Die Untauglichkeit der kommunistischen Ordnungsidee für eine hochentwickelte Industrie- und Wissenschaftsgesellschaft ist nun empirisch bewiesen.

Mit dem Kommunismus geht der Ost-West-Konflikt, geht die Nachkriegszeit zu Ende. Fast mutet es paradox an, daß die deutsche Teilung gerade in einer Zeit ein Ende nimmt, in der viele Anzeichen darauf hindeuten, daß auch die Institution des Nationalstaats ihrem Ende entgegengeht. Und eine neue Ära beginnt. In Deutschland. In ganz Europa. Es muß eine Ära der Freiheit und der sozialen Gerechtigkeit werden – in Deutschland, in ganz Europa. Eine Ära der Solidarität und der ökologischen Erneuerung. Sonst wird es mit dem Enden kein Ende nehmen. Sonst werden die Wälder verenden und das Leben in den Flüssen. Sonst werden die natürlichen Ressourcen enden. Wenn wir nicht anders leben, das wissen alle, wird letztendlich die Erde unwirtlich sein. Die Entwicklung einer ökologischen Marktwirtschaft ist das Gebot der Stunde. Sie ist eine ähnliche Jahrhundertaufgabe, wie es die Entwicklung der sozialen Marktwirtschaft gewesen ist. Keine andere politische Gruppierung hat so viel wie die SPD dazu beigetragen, die Marktwirtschaft »sozial« zu gestalten. Es war ihr Pech, daß nicht sie selbst, sondern zunächst die CDU den Begriff der sozialen Marktwirtschaft geprägt hat. Heute ist Deutschland nur als Sozialstaat denkbar. Hat die Sozialdemokratie damit – zumindest in diesem Lande – ihre Schuldigkeit getan? Ist sie fortan überflüssig? Gewiß nicht. Die SPD hat nicht nur den Mut und die Ausdauer, sondern auch die erforderliche Stärke und die nötige Konsensfähigkeit, die neue Jahrhundertaufgabe anzugehen. Mit ihrem Berliner Grundsatzprogramm hat sich die SPD bereiterklärt, neue Wege in ein neues, ein ökologisches Jahrhundert zu betreten. Ein unabhängiger Denker wie André Gorz zählt dieses Programm zu den ganz wenigen zukunftsträchtigen »linken« Projekten, die es in Europa noch (oder schon wieder) gibt – ein Manifest der Hoffnung. Das wohlverdiente Ende des Kommunismus hat die demokratische Linke von einer ideologischen Hypothek befreit. Auf lange Sicht wird ihr dadurch das Argumentieren leichter fallen. Hoffentlich werden die liberalen Auguren des ausgehenden 21. Jahrhunderts erneut das Ende des sozialdemokratischen Zeitalters diagnostizieren – mit der Begründung, die ökologische Marktwirtschaft, der soziale Ökostaat sei ja nun vollendet und die SPD damit überflüssig.

I. Das Ende des Kommunismus

Von Karl Marx ist bekannt, daß er in der Anatomie des Menschen den Schlüssel zur Anatomie des Affen zu finden glaubte. Die fortschrittlichen Gesellschaften zeigen den weniger fortschrittlichen Gesellschaften deren Zukunft.

Wenn ich jetzt, wie von Marx angeraten, die Chronologie der Ereignisse gegen den Strich bürste, besagt dies nicht, daß das Ende des Kommunismus zwangsläufig und genau so erfolgen mußte, wie es geschah. Berechtigung des Zufalls auch hier. Und wir sollten uns immer vergegenwärtigen, daß mehr als ein Sechstel der Weltbevölkerung – allein in China lebt eine Milliarde Menschen – in kommunistischen Ordnungen lebt. Wohl aber besagt es, daß kommunistische Ordnungen für reife und voll entwickelte Industriegesellschaften keine Vision mehr sein können. Sie sind nicht einmal mehr in der Lage, den orientierungslosen Sehnsüchten einer Vielzahl von jungen Menschen eine Richtung zu geben.

Dabei tun wir gut daran, genau abzuwägen, was denn der präzise Gegenbegriff zu »kommunistisch« sein könnte. In der gängigen marxistischen Literatur wird das Wort »Kommunismus« im Rahmen der Lehre von den Gesellschaftsformationen eingeführt. Karl Marx ist einer näheren Definition des Begriffs kommunistische Ordnung stets ausgewichen. Dies hatte seinen guten Grund: Nach seiner Vorstellung war eine kommunistische Ordnung eine freie Ordnung, eine offene Gesellschaft, charakterisiert durch die Teilhabe aller an der gesellschaftlichen und an der politischen Willensbildung. Gerade er wollte diese Willensbildung nicht vorwegnehmen, indem er sie in ein Korsett von Normen zwängte. Die groteske Verzerrung durch seine Apologeten hat er nur zum Teil zu verantworten.

Um das Erbe des Kommunismus gibt es einen eiligen Streit zwischen verschiedenen Vertretern, die glauben, legitime Rechte daran zu haben. Mehrmals hat sich der Papst zu Wort gemeldet mit der Vermutung, der Niedergang des Kommunismus zeige, daß eine Gesellschaft ohne christliche Ideale ein Leben in Würde nicht gedeihen lasse. Die Christdemokraten in der Bundesrepublik argumentieren noch schlichter: »Der Sozialismus geht – wir kommen«. So stand es auf den Wahlplakaten bei den Landtagswahlen in Nordrhein-Westfalen.

In Wirklichkeit konnte der Sozialismus schon deshalb nicht gehen, weil er noch gar nicht gekommen war. Was am »real existierenden Sozialismus« real war, war nicht sozialistisch; und was daran sozialistisch war, war nicht real. Die Gleichsetzung von Sozialismus und Stalinismus, die in dem CDU-Slogan unterstellt wird, hatte nur den Zweck, die Ziele der SPD mit dem Kommunismus in Verbindung zu bringen. Mit einer ähnlich diffamatorischen Gleichsetzung von Begriffen hat in der Vergangenheit stets auch die stalinistische Propaganda gearbeitet: indem sie jede von den Herrschenden unerwünschte demokratische Regung der Bevölkerung als »konterrevolutionär« bezeichnete, gab sie der schlichten Unterdrückung eine ideologische Legimation.

Die liberalen Theoretiker glauben nun, den genuinen Gegenpart zur kommunistischen Heilslehre zu vertreten.

Jeder der nein sage zum Kommunismus müsse ja sagen zum Liberalismus. Je nachdem, ob das Wort politisch, gesellschaftlich, ökonomisch oder als bloße historische Kennzeichnung gebraucht wird, wird auch – mehr oder minder begründet – die jeweilige Gegenwelt reklamiert. Daher ist es sinnvoll, zunächst einmal zu skizzieren, was sich in den Ländern Mittel- und Osteuropas nach dem Zweiten Weltkrieg tatsächlich ereignet hat. Zu skizzieren sage ich, weil es dabei nicht um historische Vollständigkeit gehen kann. Wir sind ja mittendrin in diesem Prozeß; ich habe nicht die Distanz des Historikers und mische mich auch nicht in dessen Geschäft.

Stationen rückwärts

Am 18. März 1990 fanden in der DDR formal freie Wahlen statt. Ich nenne die Wahlen »formal frei«, weil aufgrund der unterschiedlich langen Existenz und des unterschiedlichen Organisationsgrades der Parteien von Chancengleichheit kaum die Rede sein kann. Der Ausgang dieser Wahlen ist bekannt: Die christliche Allianz, gruppiert um die frühere Blockpartei CDU, erreichte mehr als 40 Prozent der Stimmen und bildete mit der sozialdemokratischen Partei, die aus dem Stand auf mehr als 20 Prozent kam, eine große Koalition. Der damalige Vorsitzende der neu gegründeten Sozialdemokratie in der DDR, Ibrahim Böhme, wertete den Ausgang der Wahl zunächst als einen Sieg der Demokratie. Als Entscheidung der Wähler für die Demokratie und gegen den Kommunismus, so deutete er die Botschaft der Wähler. Ohne Zweifel fand die Wahl in der DDR unter ganz besonderen Bedingungen statt. Denn alle großen Parteien – mit Ausnahme der SED/PDS – gaben die Aufgabe der staatlichen Souveränität als ihr Wahlziel an. Die Wahl fand gleichsam statt unter den Bedingungen der eigenen Amtsenthebung. Lothar de Maizière verstand sich sofort als ein Übergangspräsident, der primär die Aufgabe hatte, die Vereinigung mit der Bundesrepublik für die Bürgerinnen und die Bürger in der DDR gedeihlich zu gestalten. Im Vorfeld der Wahl und verstärkt nach der Wahl hob in der DDR und in der Bundesrepublik die große Diskussion an, *was* denn hier eigentlich gewählt wurde. Manch ein Kommentator vermutete, daß diese Wahl primär ein Plebiszit für Bundeskanzler Helmut Kohl war. Er, der Regierungschef der Bundesrepublik, konnte den Bürgern der DDR als einziger in Aussicht stellen, diese Gesellschaft huckepack in die Wohlstandsgesellschaft zu tragen.

Ich warne aber vor oberflächlichen Deutungen. Das Votum für den »Mann mit dem Geldsack« hat sicher eine große Rolle gespielt. Wer aber die Wahlergebnisse in den Nachbarländern der DDR unbefangen analysiert, wird nicht verkennen, daß auch dort konservative Parteien in unserem Sinne mit mehr Aussicht auf Erfolg kämpften als sozialdemokratische. In Ungarn wurde der demokratische Sozialismus nur zweiter Sieger, ähnliches gilt für die Tschechoslowakei. Und die Republik Polen ist ein Sonderfall: Hier sind Solidarnosc und katholische Kirche zu jenem einzigartigen, nationaltypischen Amalgam verschmolzen, das allein in der Lage war, Widerstand gegen die Zwangsintegration unter russische Herrschaft zu leisten. Ohnehin sollte man etwas vorsichtiger sein bei der Übertragung des westlichen Parteiensystems auf die politischen Strukturen und Ereignisse in Mittel- und Osteuropa. Tatsache aber bleibt, daß erstens die Absage an die kommunistischen Parteien wohl das vorherrschende Motiv der Bürger war. Zweitens signalisiert die Wahl bürgerlicher oder christlicher Parteien am stärksten den Symbolwert dieser Antihaltung. Für den ökonomischen Bereich läßt dieser Mechanismus sich noch etwas genauer beschreiben. Elmar Altvater, Wirtschaftsprofessor an der Freien Universität Berlin, ein beharrlicher, aber keineswegs dogmatischer Marxist, traf kürzlich bei einem Kongreß in Seoul sowjetische Kollegen. Er war deprimiert, weil sie redeten wie Freiherr von Hajek, nur nicht so intelligent. Es war erschütternd! (»Die Zeit«, 11. Mai 1990.)

Für die nächste Zukunft müssen wir damit rechnen, daß bei freien Wahlen in mittel- und osteuropäischen Staaten das politische Pendel in die entgegengesetzte Richtung ausschlagen wird. Die Auswüchse des Kommunismus werden von einer konservativen Überreaktion gespiegelt: Das ist verständlich und erfüllt auch einen historischen Sinn, weil diese Gesellschaften nicht auf gewachsene demokratische Traditionen zurückgreifen können und ihre volle ökonomische, ökologische und zivilisatorische Entfaltung noch vor sich haben. Ich war schon immer der Meinung, daß die sozialdemokratische Ordnung die modernste Ordnung für ökonomisch *und* ökologisch entwickelte Gesellschaften ist.

Derzeit erleben wir, wie sich die kommunistischen Parteien in den mittel- und osteuropäischen Ländern aus ihrer eigenen Geschichte zu stehlen versuchen. Durch bloße Umbenennung hoffen sie, sich in den Augen der Wählerinnen und Wähler der Hypothek der Vergangenheit entledigen zu können. Nicht jede dieser Umbenennungen ist freilich Etikettenschwindel. Auch unter dem Dach des kommunistischen Bekenntnisses hat es Emanzipations- und Reformbewegungen gegeben. Ob solche Läuterungen glaubwürdig sind, wird sich zeigen. Auch der innerparteiliche Willensbildungsprozeß wird eine demokratische Läuterung, sofern sie wirklich stattgefunden hat, widerspiegeln müssen. Vor allem aber an der Einstellung dieser Parteien zu einer freiheitlichen Wirtschafts- und Gesellschaftsordnung wird sich die Glaubwürdigkeit der Läuterung ermessen lassen. Eine vormals »kommunistische« Partei, die es ernst meint mit dem Wandel, darf die Menschen nicht länger theoretisch und pädagogisch bevormunden wollen.

Dabei können die kommunistischen Parteien an den demokratischen Traditionen der Arbeiterbewegung wieder anknüpfen, von denen sie sich 1918 gelöst haben – jene demokratischen Traditionen also, in der die sozialdemokratischen Parteien stehen. Wozu aber bedarf es noch einer »PDS«, wenn es in der Gestalt der SPD eine Partei des demokratischen Sozialismus bereits gibt? Sollte den jungen Reformern in der PDS an einem grundlegenden, demokratischen Wandel ihrer Partei wirklich gelegen sein, für eine solche Partei wäre neben der SPD kein richtiger Platz. Solange ein Konsens über die Grundwerte besteht, ist in der SPD Spielraum genug für die unterschiedlichsten Akzentuierungen des demokratischen Sozialismus. Eine eigenständige Organisation werden allein diejenigen brauchen, die in einem neuen Topf nur die alte Suppe wieder aufwärmen wollen. Auflösung oder Etikettenschwindel, Partei oder Sekte – das sind die eigentlichen politischen Alternativen der PDS. Ihre Anhänger werden sich bald entscheiden müssen.

Den demokratischen Wahlen vom 18. März ging in der DDR gleichsam eine Volksabstimmung mit den Füßen voraus. Nach Öffnung der Grenze am 9. November 1989,

als der Kurzzeit-Staatsratsvorsitzende Egon Krenz vorübergehend die Verantwortung trug, trieb es mehr als 700 000 Menschen in die Bundesrepublik. Zuvor hatten bei den legendären Montagsdemonstrationen in Leipzig teilweise bis zu 500 000 Menschen ihren Forderungen Nachdruck verliehen. Die Kirchen in der DDR wurden Orte privater Öffentlichkeit. Die Ohnmacht der Mächtigen war noch größer, als die vermeintliche Machtlosigkeit derjenigen, denen Militär und Polizei nicht zur Verfügung standen.
Der Blick auf neue Horizonte veränderte auch das gesellschaftliche Arrangement. Angetreten waren die Demonstranten mit der Parole »Wir sind *das* Volk«. Sie forderten, in ihrem eigenen Namen über ihre eigenen Angelegenheiten zu reden. Das Konzept der politischen und pädagogischen Bevormundung wurde durchkreuzt. Die Metamorphose zu dem Spruch »Wir sind *ein* Volk« markierte die deutsch-deutsche Sondersituation. In jedem anderen Land Mittel- und Osteuropas wäre die Metapher unverständlich. Die Nationalstaatsidee war das Vehikel, auf dem der Befreiungskampf sich zu organisieren begann. In der Bundesrepublik fand diese Parole vergleichsweise wenig Widerhall. Noch Bertolt Brecht schrieb, daß man das Wort »Volk« konsequent durch das Wort »Bevölkerung« ersetzen sollte. In der Bundesrepublik fehlte diesem Wort »ein Volk« das emanzipatorische Moment. Nur die CDU glaubte, den neuen Begriff wie eine Flagge benutzen zu können. Bei genauer Betrachtung mag man erkennen, daß der Übergang von der einen zur anderen Parole das Ende eines Anspruchs zeigte: Was geschah, sollte nicht länger eine Revolution sein. Hier wurde nicht mehr in eigener Souveränität eine Ordnung abgelehnt und bekämpft, hier wurden die Ord-

nungsvorstellungen der Bundesrepublik entlehnt. Die sogenannte demokratische Revolution in der DDR unterschied sich damit von den Revolutionen in ihren Nachbarstaaten.

Rückblickend möchte man sich fragen: Wie konnte es überhaupt soweit kommen? Warum verhinderte die UdSSR diese Störfälle nicht, dieses plötzliche demokratische Aufbegehren – wie in anderen Fällen nach dem Kriege?

Die Funktion der Mauer war in dem Augenblick obsolet, als die Regierung in Ungarn sich entschloß, die Grenze zu Österreich zu enteisen. Der über Ungarn nach Österreich kanalisierte Flüchtlingsstrom war der Anfang vom Ende der DDR. Auch der höchste Zaun macht keinen Sinn mehr, wenn das Gartentor ständig offensteht. Der Schlüssel für alle Ereignisse in den Ländern Mittel- und Osteuropas war der Verzicht der Sowjetunion, als hegemoniale Macht aufzutreten. Der Chef der litauischen Regierung, Landsbergis, schrieb jüngst in einem Artikel, daß die Sowjetunion nur eine Alternative habe: Weltmacht oder Demokratie zu sein. Diese Fixierung der Schlachtordnung ist sicher nicht ganz haltbar. Schließlich sind die USA beides: Weltmacht nach außen und Demokratie nach innen. Aber im Kern hat Landsbergis das Problem begriffen. Perestroika und Glasnost nach innen vertragen sich nicht mit einer außerhalb der Grenzen geschwungenen Zuchtrute. Was aber heißt innen und was heißt außen? Dies ist eine der bedeutsamsten Fragen für die europäische Ordnung – nicht nur auf die Sowjetunion bezogen.

Über Jahrzehnte hin hatte die Sowjetunion mit brutaler Machtpolitik emanzipatorische Regungen und Prozesse nationaler Selbstfindung in den Warschauer-Pakt-

Staaten unterdrückt. Noch im Jahre 1980 wurde ein Eingreifen der sowjetischen Armee in Polen nur verhindert, weil der damalige Regierungschef Jaruzelski vorbeugend zu einer Notmaßnahme griff. Er verhängte das Kriegsrecht über sein Land – er wählte den Ausnahmezustand in diesem Ausnahmezustand. Adam Schaff – heute in Wien lebender polnischer Philosoph, früher Mitglied des ZK der kommunistischen Partei in Polen und 1976 wegen geistigen Verrats ausgeschlossen – plädierte damals dafür, Jaruzelski und nicht Lech Walesa den Friedensnobelpreis zu verleihen. Jaruzelskis Akt der Notwehr begriff er als die einzige Möglichkeit, dem eben nur begrenzt souveränen Polen zumindest den äußeren Frieden zu bewahren.

Die Breschnew-Doktrin war das Dokument einer Legitimation, die sich allein aus purer Machtausübung speiste. Sie verbot den unterdrückten Völkern in Mittel-, West- und Osteuropa, eigene Wege des Sozialismus zu gehen, ja, irgendeinen eigenen Weg schlechthin zu beschreiten. Erst Mitte der achtziger Jahre wurde sie durch Michail Gorbatschow aufgekündigt. Schon im Jahre 1968 mußten die Völker der Tschechoslowakei bitter erfahren, mit welch brutalen Methoden ein Tauwetter zwischen zwei Eiszeiten beendet wurde. Dubček und sein Wirtschaftsminister Ota Šik hatten damals versucht, einen Sozialismus mit menschlichem Antlitz zu gestalten. Im Mittelpunkt ihrer Bemühungen stand die Reform des ökonomischen Systems. Es sollte entpolitisiert und vor sachfremder Steuerung und ausschließlich politisch motivierten Anordnungen geschützt werden. Weit weg von der vorherrschenden Kommandowirtschaft im Ostblock sollten Eigeninitiative und individuelle Leistungsbereitschaft das ökonomische System bestimmen. Privater Einsatz bei gleichzeitiger Ausrichtung auf das Gemeinwohl sollten in einem intelligenten System zusammengeführt werden. Es war der bislang letzte Versuch, den viel diskutierten dritten Weg zwischen Sozialismus und Kapitalismus zu finden: aufzuschließen zu der Dynamik des Kapitalismus ohne den Verlust der sozialen Sicherheit, gleichsam eine Gesellschaft, die nur Gewinner kennt.

Niemand kann sagen, wie das Experiment ausgegangen wäre, hätte die Tschechoslowakei genügend Zeit gehabt, es zu Ende zu führen. Dieses Experiment wurde nicht mit schlagenden Argumenten seiner Gegner, sondern von den Panzern der Warschauer-Pakt-Staaten zu Fall gebracht. Viele, die damals an vorderster Stelle für das Experiment gekämpft haben, sitzen heute in der ČSFR in Spitzenpositionen. Die Vision von einem dritten Weg allerdings ist begraben, der Traum von einem »Sozialismus mit menschlichem Antlitz« ist ausgeträumt. Denn »dritte Wege« führten dort, wo sie eingeschlagen wurden – in Algerien etwa, vor allem aber in Jugoslawien – genauso in die Sackgasse sozio-ökonomischer Hoffnungslosigkeit wie der kompromißlose »zweite Weg« der kommunistischen Kommandowirtschaften. Sowohl ordnungs- als auch außenpolitisch repräsentiert Jugoslawien in typischer Weise diesen »dritten Weg«. Er führte letzten Endes nur in eine tiefe politische und wirtschaftliche Krise, in der weiten Teilen der jugoslawischen Bevölkerung die soziale Verelendung droht. In der Tschechoslowakei wird nun versucht, eine Gesellschaft aufzubauen, in der Menschenrechte, Rechtsstaat und Marktprozesse gleichrangige Bedeutung haben. Man sucht nach einem »Kapitalismus mit menschlichem Antlitz«. Mit der Weiterentwicklung der sozialen zur ökologischen Marktwirtschaft aber ist der dritte Weg schon längst beschritten –

darauf habe ich 1985 in meinem Buch »Der andere Fortschritt« hingewiesen.

1956 wurde der Volksaufstand in Ungarn von der Sowjetunion blutig niedergeschlagen. 1953 der Volksaufstand in Ostberlin. Zunächst gingen damals in Ostberlin Arbeiter auf die Straße, weil die Leistungsnormen für ihre Arbeit erhöht wurden. Es war das alte Lied in den Kommandowirtschaften: Fehlende Produktivität soll durch eine Erhöhung der Arbeitsintensität bewältigt werden. Anders, als dies feierliche Reden zum Tag der Deutschen Einheit uns heute glauben machen wollen, war dieser Aufstand – jedenfalls zunächst – keiner, der die Wiedervereinigung zum Ziel hatte. Es war das Volk, das sich in Erinnerung bringen wollte, ganz gemäß der späteren Parole: »Wir sind das Volk«. Bertolt Brecht schrieb damals einen ironischen Brief an den Vorsitzenden des Staatsrats Wilhelm Pieck. Wenn man mit dem Volk nicht zufrieden sei, so forderte er, dann solle man sich doch ein neues wählen. In einem Gedicht, das nach dem zusammengeschossenen Volksaufstand von 1953 entstanden war, brachte Brecht damals die Orientierungslosigkeit der sozialistisch engagierten Menschen in Ostberlin genau auf den Punkt:

Der Radwechsel

Ich sitze am Straßenrand
Der Fahrer wechselt das Rad
Ich bin nicht gern, wo ich herkomme.
Ich bin nicht gern, wo ich hinfahre.
Warum sehe ich den Radwechsel
Mit Ungeduld?
(Gedichte, Band 3, Seite 1009)

Erst relativ spät entdeckte der Antifaschist Bertolt Brecht, daß der zum Stalinismus deformierte Marxismus nicht die moralisch richtige Alternative zum deutschen Nationalsozialismus war, sondern in Teilen von genau der Krankheit befallen, die zu bekämpfen er vorgab.

Bei allen Unterschieden zwischen den Volksaufständen im einzelnen, beweist ihr gewaltsames Ende doch eines: Der Ostblock wurde allein von reiner Machtpolitik der UdSSR zusammengehalten. Letzten Endes war keine Regierung legitimiert. Und keine wurde getragen von dem Volk, für das sie angeblich sprach. Nachdem die Sowjetunion sich von ihrer Weltmachtpolitik verabschiedet hatte, zündeten die Sprengsätze auch in den anderen Ländern, in denen entmündigte Völker lebten.

Die Ära Gorbatschow

Michail Gorbatschows Handeln ist von der fundamentalen Idee bestimmt, die Sowjetunion als europäische Macht zu retten. Dies scheint mir neben innenpolitischen Erwägungen auch der tiefere Grund dafür zu sein, warum die baltischen Staaten nach Gorbatschows Wunsch die Bedingungen ihrer Freiheit zwar aushandeln, aber nicht sogleich souveränen Gebrauch davon machen sollen. Litauen, Lettland und Estland sind geistige und kulturelle Brücken zwischen Mittel- und Osteuropa.

1977 erschien Rudolf Bahros Buch »Die Alternative«, das in einleuchtender Weise die These belegt, daß die sowjetische Ordnung der Tradition asiatischer Despotie gefolgt ist. Nicht die europäische Aufklärung, als deren theoretischen Vollender sich Marx verstand, sondern die asiatische Despotie war das Leitbild des unter Stalin pervertierten Marxismus. Es gibt begründete Einwände gegen diese Sicht der Dinge. Despotie ist gemeinhin dadurch gekennzeichnet, daß der Herrscher sich nicht einmal an jene Gesetze hält, die er willkürlich und ohne Legitimation durch die Beherrschten selbst setzt. Dies war weder unter Chruschtschow noch unter Breschnew der Regelfall. Die beinahe penible Vertragstreue der UdSSR gegenüber dem Ausland wird von kaum einem Kenner der diplomatischen Szene bestritten. Und auch das vielfältige Unrecht nach innen wurde durch – wenn auch zuweilen im Nachhinein erlassene – Gesetze legitimiert. Gesetzestreues Unrecht, nicht außergesetzliches, war der Normalfall in der Sowjetunion. Aber auch wenn man sehr zurückhaltend mit dem Begriff der Despotie umgeht, hat das Adjektiv »asiatisch« seinen Sinn.

Der universalistische europäische Bezug zu den Menschenrechten als Leitidee fehlte in der Sowjetunion. In Mitteleuropa hatte sich die Idee von den Menschenrechten aus einer aufgeklärten Aneignung des Naturrechts hergeleitet. Die Naturrechte waren jene Rechte, die in ihrer Substanz weder dem Kaiser noch dem Papst, dem Fürsten noch einer demokratisch legitimierten Regierung zur Disposition standen. Sie waren der Rechtsförmigkeit des Rechts vorgängig. Ihnen standen die Bürgerrechte gegenüber, die Kraft Verfassung den Staatsbürgern gewährt wurden.

Mit der Konferenz von Helsinki begann auch die Führung der Sowjetunion – vorsichtig und mehr bedrängt als aus eigener Einsicht – sich dem Gedanken der Menschenrechte anzunähern. Erst mit der Ära Michail Gorbatschow aber wurde der Geist der Menschenrechte allmählich in die innere Logik des Systems umgesetzt. Diese Wende, besser, Hinwendung zu Europa – symbolisiert in dem Bild vom europäischen Haus – gilt es in ihrer Brisanz und ihrem politischen Gewicht zu sehen. Vieles wird leichter, wenn die sowjetische Führung sich von Europa nicht mehr »verstoßen« fühlt. Wenn die zentralen europäischen Bündnisse – die wirtschaftlichen und die sicherheitspolitischen – gegen die Sowjetunion abgeschottet werden, bleibt der nichts anderes übrig, als einen »Sonderweg« zu gehen. Daher sollte der Sowjetunion der Weg zu einer Ankoppelung an die Nato und die EG geebnet werden.

Die Wörter »Glasnost« und »Perestroika« sind inzwischen die international am meisten gebrauchten Begriffe überhaupt. Sie gehören zur Zeichensprache der Politik, sie sind weder übersetzungsfähig, noch der Übersetzung bedürftig. Und dennoch markieren sie ein Programm der Europäisierung der Sowjetunion. Was für die meisten Menschen im Westen absolute Selbstverständlichkeit ist, kündigt für die Sowjetunion eine neue Perspektive an: Menschen dürfen ihre Erfahrung als Erfahrung ernst nehmen, und sie dürfen mit anderen darüber reden. Die Verstellung der eigenen Erfahrung durch die staatlich gestiftete und gehütete Ideologie bis hin zur Enteignung der Sinne ist ein Kennzeichen totalitärer ideologisierter Systeme. George Orwells Buch »1984« zeichnet eine solche Entwicklung detailliert nach. In der Orwell-Welt ist wirkliche Erfahrung an die Intimität einer Beziehung gebunden und ohne öffentliche Relevanz. Die Diskrepanz zwischen persönlicher Erfahrung und verordnetem öffentlichen Diskurs aufzuheben, ist eine der wichtigsten Leistungen von Glasnost und Perestroika. Und für alles, was damit zusammenhängt: eine Entpolitisierung der Psychiatrie; eine Offenlegung der Verteidigungskosten – geschehen im Jahre 1990. Der Pluralismus der Parteien innerhalb einer Partei und die Neugründung von Parteien – dies ist faktisch der Prozeß, der gerade stattfindet. Daß Menschen in das Land kommen dürfen und Menschen aus dem Land gehen können. Daß in den Parlamenten die Sprachlosigkeit überwunden wird. Daß es eine freie Presse gibt. Daß es freie Wahlen gibt. Kurz: daß es eine zivilisierte Gesellschaft mit einem einer Zivilisation würdigen Regelwerk gibt, das der politischen Willkür entzogen ist.

»Perestroika« ist das andere Kennwort der von Michail Gorbatschow begonnenen Politik. Nur in der Verknüpfung von Glasnost und Perestroika – von Form und Inhalt – kann die europäische Ära der Sowjetunion ein solides Fundament erhalten. Perestroika bedeutet zunächst einmal den Umbau der Wirtschaft. Denn trotz der Absage an den Stalinismus leugnet Gorbatschow nicht die (richtige) Einsicht, daß die Ordnung der Wirtschaft fundamental die Lebenschancen der Bürger in einem Lande berührt. Alle Zeichen deuten darauf hin, daß es der sowjetischen Führung nicht um eine Reform des Systems geht, sondern um einen Systemwechsel. Es geht um die Gestaltung einer ökonomischen Ordnung, die sich nach Regeln sui generis vollzieht – ohne die beständige politische Innovation nach eigenem Gutdünken. Kurz gesagt: Das Fundament der Marktwirtschaft soll den Regelkreis bilden, der den Prozeß der Bedürfnisbefriedigung koordiniert. Um allen Mißverständnissen vorzubeugen: Die Marktwirtschaft ist keine Willkürordnung, ohne eine soziale Ausrichtung aller, die an ihr teilhaben, ist sie nicht denkbar. Sie bedeutet gestaltete Ordnung und nicht gestaltlose Anarchie. Sie wird dem politischen Prozeß nicht entzogen – sie ist ja nur als ein System der Freien und der Gleichen vorstellbar – aber sie hat ihre eigenen Gesetze, die Beachtung verdienen. Sich diesen Gesetzen zu fügen ist notwendig, um »die Not zu wenden«, wie Friedrich Engels einmal das Wort notwendig übersetzte. Idealiter werden in einer Planwirtschaft anhand politischer Vorgaben die Bedürfnisse der Bürger normiert. In Marktwirtschaften normieren idealiter gerade umgekehrt die Bedürfnisse der Bürgerinnen und der Bürger den Ablauf der Produktion.

Nun kann man, und dessen ist sich Gorbatschow bewußt, eine neue Wirtschaft und eine neue Gesellschaft nicht einfach auf dem Reißbrett entwerfen. Was er versucht, ist nichts geringeres, als ein Schiff auf hoher See umzubauen. Die größten Schwierigkeiten für den Umbau der Wirtschaft ergeben sich nicht für die Legislative, sind auch sonst nicht juristischer Natur, und nicht aus technischer Rückständigkeit. Das größte Problem ist die Mentalität eines Volkes, das in seiner gesamten Geschichte nie etwas anderes gelernt hat, als am Gängelband geführt zu werden. Habituell gewordene Unmündigkeit ohne eigenes Verschulden. Die alte russische Tradition der Kaufleute ist nicht unterbrochen, sie ist zerbrochen. Sie ist nurmehr Teil einer literarischen Erfahrung, nicht mehr Teil der Lebenserfahrung. »Das Sein bestimmt das Bewußtsein.« Die Sinnfälligkeit dieses Satzes von Karl Marx kann man in der Sowjetunion im Alltag erfahren.

Seit Mitte der achtziger Jahre eilen die Institutionen der Sowjetunion den angestammten Gewohnheiten weit voraus. Anders als in der »Traumdeutung« der marxistischen Theorie wird Aufklärung von oben nach unten betrieben. Während Glasnost primär ein Thema der Intelligenz ist, berührt – oder sollte doch berühren – die Perestroika den Alltag der Bürger. Aber – anders als etwa in Polen – ist in den Läden nicht mehr Ware zu kaufen, die Luft ist nicht besser geworden, aus der Sicht der Bürger steckt die Perestroika im Stau.

In seinem Buch »Die Brüder Karamasow« hat Dostojewski, ein Kenner der russischen Seele, das russische Drama in der ihm eigenen, spannenden Metaphorik beschrieben. Christus kommt zurück auf die Erde und begegnet dem greisen Kardinal-Großinquisitor von Sevilla. Der verwickelt Christus in ein Gespräch, genauer gesagt: er stellt ihn in einem Monolog. Christus, so sagt er, habe den Menschen Freiheit versprochen – sie aber wollten Brot. Er wollte ihre Mündigkeit, sie wollten ihre Unmündigkeit behalten, wenn sie nur ihr Brot bekämen. Er wollte ihre Freiheit im Glauben, sie aber wollten seine Wunder. Der greise Kardinal-Großinquisitor läßt Christus in den tiefsten Kerker sperren. Indem er ihnen die Freiheit gegeben habe und die Würde lassen wollte, habe er die Menschen bei weitem überfordert.

Nun bin ich weit davon entfernt, Gorbatschow mit Christus vergleichen zu wollen, aber die russische Seele des neunzehnten Jahrhunderts mit der russischen Seele des zwanzigsten Jahrhunderts zu vergleichen, wird gestattet sein. Die konservativen Gegner Gorbatschows – die Traditionskommunisten und die Stalinisten – versuchen derzeit ziemlich genau das Drama nachzuspielen, das Dostojewski in seinem Buch geschildert hat. Glasnost soll gegen Perestroika ausgespielt werden und umgekehrt. In der Tat sind die leeren Regale ein ebenso schlagendes Argument gegen den Kommunismus, wie ein gravierendes gegen die Perestroika. Die Wahrung des Zusammenhangs von Perestroika und Glasnost als *europäische Einsicht* ist der zentrale Gedanke von Michail Gorbatschow. Und nicht zuletzt, daß er den Menschen in aller Welt die Angst vor der Sowjetunion genommen hat.

Niemand kann vorhersagen, ob das Experiment dieses doppelten Umbaus – der Wirtschaft und der Gesellschaft – glücken wird. Meinhard Miegel, Chef des Instituts für Gesellschaftswissenschaften in Bonn, hat darauf hingewiesen, daß die nur institutionelle Absicherung der Marktwirktschaft allein noch keine Garantie für ein hohes Maß an Wohlstand sei. Der ökonomischen Ordnung vorgängige Mentalitäts- und Auffassungsunterschiede spielen eine große Rolle für den wirtschaftlichen Ablauf. Auch wir kennen Marktwirtschaften mit großem und welche mit sehr bescheidenem Erfolg. Und die DDR nahm mit ihrer Planwirtschaft Platz 11 auf der Rangliste aller Industrieländer ein. Nach allem, was wir wissen, gibt es zu dem Reformkurs von Michail Gorbatschow keine Alternative. Alles andere würde, weit über die Sowjetunion hinaus, Unglück bedeuten – und zwar ohne Alternativen.

Manch einer wird sich erinnern, daß bis weit über die fünfziger Jahre hinaus die Grundsatzfrage, ob Planwirtschaft oder Marktwirtschaft das effizientere Steuerungsmodell für entwickelte Gesellschaften seien, in der ökonomischen Theorie durchaus nicht geklärt war. Auch in westlichen Ländern wurde die Differenz zwischen Freiheit und Effizienz ausgelotet. Insbesondere die militärtechnischen Superleistungen der Sowjetunion – oft auch noch wie mit einem Fernglas vergrößert gesehen – riefen im Westen Panik hervor. Der »Sputnik-Schock« prägte für mehrere Jahre die Diskussion in den Vereinigten Staaten. Er war die Initialzündung für das amerikanische Weltraumprogramm. Noch Chruschtschow weissagte, daß die Sowjets in den siebziger Jahren den Lebensstandard der Amerikaner überholen würden. Die östlichen Wirtschaftsführer maßen ihre eigenen wirtschaftlichen Leistungen an den Zielen, die sie von den westlichen

Wirtschaftsführern nahtlos übernommen hatten. Über einige Jahre waren die abstrakten Wachstumsraten in den Planwirtschaften höher als in den Marktwirtschaften. Ich spreche von abstrakt, weil die Differenz zwischen Wirtschaftswachstum und Wohlfahrtswachstum noch viel größer war, als die, die wir auch in den marktwirtschaftlichen Systemen kennen und die es abzuarbeiten gilt. In den Planwirtschaften hatte sich ja das Mittel zum Zweck verkehrt. Das, was einer Planung zugänglich war, die Schwerindustrie, genoß eindeutige Präferenz, und das, was der Planung weniger zugänglich war, die Bedürfnisse der Konsumenten, wurde hintangesetzt. So entwickelte sich die sowjetische Wirtschaft mit einer eingebauten Fehlsteuerung.

Der »Sputnik-Schock« verweist im übrigen auf das Kardinalproblem der sowjetischen Wirtschaft. Sowjetische Wissenschaftler und sowjetische Techniker vollbringen für jeweils einzelne Projekte hervorragende Leistungen. Eine Vielzahl von Nobelpreisen belegt das hohe Niveau der sowjetischen Naturwissenschaftler. Aber es ist kaum gelungen, *Transfersysteme* anzulegen, die die Spitzenqualität der sowjetischen Forschung dem Alltag der Menschen verfügbar machen. Es mag sein, daß der Krieg der Vater aller Dinge ist. In der Sowjetunion ist es noch nicht einmal gelungen, die militärtechnologischen und die naturwissenschaftlichen Höchstleistungen in zivile Industrien zu integrieren. Allein die Raumfahrttechnik kann mit der technologischen Dynamik des Westens konkurrieren, und – möglicherweise – die Biologie und die Gentechnologie. In einem (offiziell) atheistischen Staat werden Skrupel eben leichter über Bord geworfen. Aber all dies ändert nichts an der allerorten herrschenden Mangelwirtschaft, die zu beseitigen die Bevölkerung täglich mit zunehmender Lautstärke fordert. »Erst kommt das Fressen, dann kommt die Moral«, ist ein simpler Satz, aber keineswegs ein abwegiger Gedanke.

Manch einer im Westen macht den Fehler, Michail Gorbatschow primär als moralische Instanz wahrzunehmen. Sicher ist er eine – aber seine Politik allein unter diesem Gesichtspunkt wahrzunehmen hieße, das Grundproblem der Sowjetunion zu übersehen. Dieses Problem ist nämlich nicht eine Frage der praktischen *Vernunft*, sondern der praktischen *Intelligenz*. Mir scheint ein aufgeklärter Egoismus allemal stabiler zu sein, als die eher zufällige Moral einer einzelnen Person. Aus vielerlei Gründen gibt es in der Sowjetunion keine Alternative zur Reformpolitik. Wenn östlich des Ural auch für Mitglieder des Politbüros kein Stück Seife mehr aufzutreiben ist, dann ist dies eine sehr praktische Erfahrung und keine theoretische Einsicht. Wenn das an Rohstoffen reichste Land der Erde nicht in der Lage ist, den Hunger der Bevölkerung zu stillen, dann ist dies ein unabweisbarer Grund, das System der Bedürfnisbefriedigung zu verändern.

Wie heißt es doch in einem Gedicht Wolf Biermanns? »Man kann nicht mitten im Fluß die Pferde wechseln. Gut. Aber die alten sind schon ertrunken.«

Oder, um einen Gedanken von Karl Marx aufzugreifen: Eine Gesellschaft geht danach nie unter, bevor sie alle Entwicklungsmöglichkeiten ausgelotet hat, die in ihr angelegt sind. Die Gesellschaften des Ostens haben alle Entwicklungsmöglichkeiten ausgelotet, die in ihnen angelegt waren. Sie sind sich ihrer Begrenztheit bewußt geworden. Ist der Sozialismus letzten Endes nichts anderes, als eine Umgehungsstraße für den Kapitalismus zum Kapitalismus?

Die Verhaftung der Kultur

Die Entwicklung der kommunistischen Gesellschaften scheiterte nicht alleine an der mangelnden Effizienz der Wirtschaftssysteme. Die kulturelle Verödung des kommunistischen Alltags war das Ergebnis einer Politik, die jeglichen Ansatz individueller Freiheit wie ein Werkstück in das kommunistische Getriebe einpaßte. Ganz ohne Zweifel gibt es kulturelle Höchstleistungen in den kommunistischen Gesellschaften: Man denke nur an die Filme von Sergej Eisenstein, an die Leistungen des Bolschoi-Balletts und an die zahlreichen erstklassigen Dirigenten, die in der Sowjetunion, in der Tschechoslowakei und in der DDR arbeiteten. Diese kulturellen Höchstleistungen wurden – insbesondere nach dem Zweiten Weltkrieg – alle entweder dem System einverleibt oder in die ästhetische Belanglosigkeit abgeschoben. Das subversive Element jeder wahren Kultur – wie Adorno dies nannte – wurde konsequent unterdrückt.

»Das Hauptinstrument dieses Prozesses des Sichselbstbewußtwerdens einer Gesellschaft ist ihre Kultur.« (Václav Havel, Offener Brief an Gustav Husák, April 1975.)

Dabei geht es nicht allein um das Verbot von Büchern und Zeitschriften, die sich dem System nicht fügten. Das war schlimm genug. Mehr noch geht es um die Zerstörung der persönlichen Identität, die sich dem Kollektiv versagte. Menschen, die ihrer geistigen Herkunft beraubt werden, vermögen nur selten Subjekte ihres eigenen Lebens zu werden. Wie schwach muß ein System sein, das sich genötigt fühlt, den Menschen zu verbieten, Leipziger Allerlei Leipziger Allerlei zu nennen. Wie ist es zu erklären, daß die Thüringer Bratwurst nicht mehr Thüringer Bratwurst heißen darf? Es waren nicht die deutschen

Ausdrücke, die die SED aus dem öffentlichen Vokabular entfernen wollte. Es war vielmehr die instinktive Witterung, daß eine Gefahr drohe, wenn die Menschen sich ihrer Heimat und ihrer Herkunft wieder bewußt werden würden. Wer durch den Staat und für den Staat leben soll, darf an nichts mehr erinnert werden, was diesem Staat vorgängig ist oder was ihm folgen könnte.

Nicolai Bucharin hat bereits frühzeitig darauf aufmerksam gemacht, daß die Arbeiterklasse kulturell rückständig sei und die Lösung der »kulturellen Frage« ein großes Problem einer jeden Arbeiterrevolution. Der Oktoberrevolution hat er das Scheitern vorausgesagt, falls es nicht gelänge, in ihrem Namen eine Kultur zu etablieren, die der »bürgerlichen« Kultur, wenn nicht überlegen, so doch wenigstens ebenbürtig sei. Die Menschen sind, so darf man folgern, nicht schon deshalb besser, weil sie ein Leben lang schlecht behandelt wurden. Das von Bucharin konstatierte niedrige Niveau der Kultur der Arbeiterklasse war aber nicht der wichtigste Grund für die Verödung der Kultur seit den dreißiger Jahren. Das Hauptmotiv lag im konsequenten instrumentellen Bezug der individuellen Kultur auf die ökonomischen und ideologischen Erfordernisse. Erst dies erklärt die Borniertheit der – handwerklich nicht immer schlechten – »regierungsoffiziellen« Malerei. Erst dies erklärt die Austauschbarkeit von Texten, die zum Lob des Systems geschrieben wurden.

Letzten Endes ist es den kommunistischen Systemen nicht gelungen, kulturelle Identität und Individualität zu brechen, geschweige denn ganz zu tilgen. In einem Brief an Gustav Husák aus dem Jahre 1975 schreibt Václav Havel, der jetzige Staatspräsident der ČSFR, folgende Sätze:

»Obwohl niemand darüber spricht, fühlen die Menschen sehr genau, womit ihre äußere Ruhe erkauft wird – durch ständige Erniedrigung ihrer Menschenwürde. Je weniger sie sich gegen diese Erniedrigung unmittelbar wehren – sei es, weil sie fähig sind, sie aus ihrem Bewußtsein zu verdrängen und sich selbst einzureden, daß eigentlich nichts besonderes passiert, oder weil sie es einfach schaffen, die Zähne zusammenzubeißen –, um so tiefer prägt sie sich in ihr emotionales Gedächtnis ein.«
(Václav Havel, Am Anfang war das Wort, Texte von 1969 bis 1990, Rowohlt, April 1990, S. 74)
Und einige Zeilen weiter:
»Das alles setzt sich ab und sammelt sich irgendwo am Boden des gesellschaftlichen Bewußtseins an und arbeitet dort leise weiter.« (S. 75)
Aus der Sicht des Jahres 1990 beweisen Havels Worte aus dem Jahre 1975 nahezu prophetische Kraft. Keinem der kommunistischen Systeme ist es gelungen, dem Bedürfnis nach individueller Freiheit Herr zu werden, aber keinem ist es auch gelungen, dieses Bedürfnis in ihr System aufzunehmen.

In der DDR hat dieses Bedürfnis in den Nischen der Gesellschaft überwintert. Zeitweise verband es sich mit einem anderen Bedürfnis, das von Marxisten seit mehr als hundert Jahren getilgt werden sollte: der Religion, die doch nichts anderes sei, als Opium für das Volk. Es war kein Zufall, daß die kirchlichen Gemeinden, wenn auch meist lautlos, der politischen Instrumentalisierung widerstanden. Die realsozialistische Gesellschaft zerbrach auch an den kulturellen Widerständen, die zu integrieren sie nicht mehr in der Lage war.

Was bleibt von Karl Marx?

Die Härte der alltäglichen Erfahrungen mit dem System hat den Kommunismus für die Menschen, die ihm ausgesetzt waren, praktisch widerlegt. Einer theoretischen Widerlegung bedürfen sie nicht mehr. Für sattelfeste Antikommunisten im Westen war das Gedankengebäude des Marxismus schon immer ein Pfusch am Bau, aber nun konnten sie die Abrißbirne ansetzen. Oder, wie es Norbert Blüm in der ihm eigenen Art dadaistischer Sprachverkümmerung zu sagen pflegt: »Marx geht – Jesus kommt.«

Kaum jemand käme vermutlich auf die Idee, die christliche Lehre allein deshalb für untauglich zu halten, weil Kreuzzüge, Inquisition und Hexenverfolgung von ihrer Institution, der Kirche, nicht für gutgeheißen, sondern mit aller Grausamkeit und Härte vollzogen wurden.

Der Streit um den Marxismus dauert in Deutschland länger an als die Selbstzerstörung der kommunistischen Ordnung. Schon Ende der sechziger Jahre bemerkte Habermas polemisch, daß man so täte, als führe von den Marxschen Frühschriften bis zu den Stalinschen Konzentrationslagern ein gradliniger Weg. Ohne Zweifel haben sich Lenin und Stalin in ihrem theoretischen Rüstzeug immer wieder auf den deutschen Denker Karl Marx berufen. Und ohne Zweifel war dieser nicht in der Lage, sich dagegen zu wehren.

Wenn ich hier der Frage nachgehe, was Bestand haben sollte an dem Gedankengebäude von Karl Marx und welche seiner Irrtümer wir als solche zurückweisen sollten, so hat dies auch damit zu tun, daß sich die Sozialdemokratie in ihrem neuen Programm auf den Marxismus als eine der theoretischen Wurzeln der Arbeiterbewegung beruft. Die Linke in Deutschland kann schlechthin nicht so tun, als hätte es Karl Marx nie gegeben. Wir brauchen eine Auseinandersetzung, die tiefer geht als die Darlegungen von Karl Popper, die das Stadium der Analyse nie erreichten und allein von Ablehnung geprägt waren. Seine Behauptung, die Gestaltung einer zukünftigen Gesellschaft hinge von zukünftigem Wissen ab, wir aber könnten über dieses zukünftige Wissen nicht schon heute verfügen, ist ebenso einfach wie klar. Nur fehlt es ihr an einem wesentlichen Adressaten. Sie verkürzt die dialektische Geschichtskonzeption des Marxismus auf banale Geschichtsmechanik. Eine Geschichtsmechanik allerdings, der eine ganze Reihe von Marxanhängern ebenfalls erlegen ist.

In den kommunistischen Ländern und namentlich in der DDR stellten die Werke von Karl Marx eine Art Katechismus dar, der endgültige Wahrheiten beanspruchte und alle geschichtlichen Zweifelsfälle klären sollte. Fragen nach der Treffsicherheit einer Aussage wurden nicht argumentativ beantwortet, sondern exegetisch: durch den Rekurs auf die ursprünglichen Texte. Der Aufklärer Marx, der für sich selbst keine andere Autorität anerkannte, als die des besseren Arguments, wurde zur Autorität verzerrt. Gesellschaftstheoretische Auseinandersetzungen verkümmerten immer mehr zu einem Auslegungsstreit über die Marxschen Texte. Originäre Erfahrungen wurden verschüttet, wenn sie nicht in das abgegriffene System paßten. Im Grunde genommen war dieses Gebahren ein Rückfall hinter die Galileische Revolution des Denkens.

Galileo Galilei wurde von der katholischen Kirche der Prozeß gemacht, weil er zu behaupten wagte, die Erde drehe sich um die Sonne und nicht umgekehrt. Galileis

Ansicht war durch bloßen Augenschein nicht gedeckt, und sie widersprach der damaligen Auslegung der Bibel und der Meinung der Kirchenväter. Der Streit um die Behauptung des Galileo Galilei zeigt aber nur die Oberfläche des Problems. In Wirklichkeit ging es darum, wie die Wahrheit einer Behauptung begründet werden soll. Während die Kirche die Bibel und deren Auslegung als die letztgültige Wahrheitsquelle ansah, beharrte Galilei darauf, daß Behauptungen über die Erfahrungswelt durch Bibelexegese letztendlich nicht geklärt werden können. Er bestand auf einem anderen Prüfverfahren.

Selbstverständlich hat es immer wieder – auch in der DDR – Menschen gegeben, die die erstarrten Wände des Gedankengebäudes durchbrachen. Nur in wenigen Fällen aber schafften sie es, einen gleichermaßen offenen und öffentlichen Dialog in Gang zu setzen. Wer Honnekkers oder Ulbrichts Reden nachliest, findet darin einen reichen Zitatenschatz aus den Werken von Marx und Lenin. Die Verhärtung des Marxismus zur orthodoxen Lehrmeinung war nicht unvermeidlich, sie wurde aber auch nicht nur von außen übergestülpt.

Das philosophische Fundament des Marxismus

Den Schlüssel zur Wirkungsgeschichte des Marxismus bildet der Satz: Das Sein bestimmt das Bewußtsein. Bereits in den Frühschriften von Karl Marx wird dieser Gedanke – unterschiedlich formuliert – angesprochen. Wir treffen ihn in einer speziellen Variante an, das *gesellschaftliche* Sein bestimme das Bewußtsein. Später wird diese Einsicht in der Lehre weiterentwickelt, die aussagt, daß der Überbau von der Basis abhängig sei.

In der primitiven Auslegung – und nur diese hat praktisch-politische Geschichte geschrieben – wurde der Gedanke so ausgelegt, als präge die wirtschaftliche Ordnung einer Gesellschaft alle anderen Bereiche: die Sehnsüchte und die Interessen, das Metaphysische und die Philosophie, die Rechtslehre und den Codex von Sitte und Moral.

Schon frühzeitig wurde die philosophische Einsicht des Karl Marx – ich werde darauf noch zurückkommen – geglättet und den politischen Opportunitäten angepaßt. Das gesellschaftliche Sein bestimme das Bewußtsein wird umgedeutet in die Aussage: Je nach der gesellschaftlichen Stellung eines Menschen hätte er auch unterschiedliche Interessen. Die Kapitalisten hätten andere Interessen als die Arbeiter und die Arbeiter andere Interessen als die Bauern. Und aus dieser sozialen Position würden sich auch seine Vorstellungen von Recht und Unrecht kristallisieren.

Mit zunehmender Popularisierung und Politisierung des Marxschen Grundgedankens wurde dessen ursprüngliche Aussage verzerrt. Marx wollte zunächst einmal daran erinnern, daß der Mensch nicht als Individuum auf die Welt komme, sondern als soziales Wesen. Über die natürliche Einbindung in die Familie hinaus trifft er auf eine Gesellschaft, die andere vor ihm gestaltet haben. Er lernt lesen. Seit der zweiten Hälfte des 19. Jahrhunderts lernt er dies auf öffentlichen oder konfessionellen Schulen. Er liest Bücher, die andere Menschen geschrieben haben. Er erwirbt eine Sprache und mit ihr all das, was man früher Weltbild nannte. Während es für den bäuerlichen Jugendlichen des 15. Jahrhunderts ganz selbstverständlich war, daß sich die Sonne um die Erde dreht, ist es für einen Fünfzehnjährigen im Jahre 1990 »sonnenklar«, daß dies nicht sein kann. Das Medium Sprache gibt all die Erfahrungen und Informationen weiter, die andere im Laufe der Jahrhunderte gemacht und weitergereicht haben. Zusammen mit dieser Sprache erwirbt er die gesamte Syntax und Grammatik der Gefühle, die einer Gesellschaft eigen sind. Auch die Familie, von den Konservativen konsequent enthistorisiert, hat ihren Platz innerhalb der gesellschaftlichen Evolution. Gerade in unserem Zeitalter, dem Zeitalter der elektronischen Medien, gibt es keine von der Öffentlichkeit abgekapselte, rein private Situation. Auch die Regeln des richtigen Argumentierens vermittelt uns die Gesellschaft. In seiner ganz persönlichen Biographie holt der Mensch im Zeitraffer die Lerngeschichte seiner Gattung nach.

Genau dies war die zentrale Botschaft von Karl Marx. Denn das gesellschaftliche Sein war für ihn nie Schnittpunkt in der Geschichte. Das gesellschaftliche Sein wurde von ihm immer als Ergebnis einer gesellschaftlichen Evolution gedeutet und nicht als die bloße Thematisierung des Hier und Jetzt. Geschichte war für Marx nicht die bloße Aufeinanderfolge der Ereignisse, zusammengehalten von einem Kalender. Zur Geschichte im anspruchsvollen Sinne gehörte nur das, was als Vorgeschichte zur jeweiligen Gegenwart begriffen werden konnte. Es ist dieser Ansatz der Geschichtsaneignung, den manche nicht verstehen. Deshalb werfen sie Marx Geschichtsmechanismus und Geschichtsdeterminismus vor.

Den Menschen konsequent als ein von der Geschichte seiner Gattung bestimmtes Wesen aufzufassen, barg aber auch eine Gefahr, deren politische Folgen auch nicht ausblieben. Wenn alles Geschichte ist, unsere Wertvorstellungen, unsere Moral, unsere Rechtsvorstellungen, wo ist dann der Fixpunkt, von dem aus die Qualität einer Gesellschaft beurteilt werden kann? Offenkundig können die Maßstäbe der gesellschaftlichen Beurteilung nicht unabhängig von dem Werdegang dieser Gesellschaft gedacht werden.

Der mündige Mensch, das Ideal des Immanuel Kant, wird in diesem Konzept zur reinen Fiktion. Wie kann man sich ganz am eigenen Denken orientieren, wenn auch das Denken erst gelernt sein will? Wie kann man sich ganz auf den eigenen Verstand verlassen, wenn der eigene Verstand ein angeeigneter Verstand ist? Dies kommt doch dem akrobatischen Akt des Barons von Münchhausen nahe, der sich am eigenen Schopfe aus dem Sumpf gezogen haben will.

Die politische Ökonomie als gesellschaftliche Evolutionstheorie

Man konnte der historisierenden Betrachtung aller menschlichen Beziehungen und aller menschlichen Selbstbezüge offenbar nur dann entkommen, wenn wenigstens Fragmente einer gesellschaftlichen Evolutionstheorie freigelegt wurden. Dann und nur dann war es möglich, Institutionen und Handlungsweisen als zeitgemäß zu beurteilen. Heute verwenden wir dafür das Wort modern. Nur im Rückgriff auf eine Theorie der Evolution konnte die gesellschaftliche Modernisierung unterschieden werden von den Moden, die kommen und gehen. Noch heute hat dieser Gedanke Platz im Herzen der SPD. »Mit uns zieht die neue Zeit«, so singen wir häufig am Ende unserer Parteitage. Die neue Zeit war ein anderes Wort für »Fortschritt«.

Die Aufeinanderfolge der unterschiedlichen Gesellschaftsformationen, die nach der Art ihres Wirtschaftens gegliedert wurden, war für Marx der Maßstab für Fortschritt oder Rückschritt. Gesellschaftliche Entwicklung ist dann unausweichlich, wenn die soziale Ordnung ihren eigenen Maßstäben nicht mehr gerecht wird, weil sich die wirtschaftlichen Grundlagen verändert haben. Marx hat diese Vorstellung von den Mechanismen, die den Fortschritt vorantreiben, auf einen einfachen Nenner gebracht: Man müsse den Verhältnissen ihre eigene Melodie vorspielen, um sie zum Tanzen zu bringen. Später wurde dieses Fortschrittsmodell auf die Dialektik von Produktivkräften und Produktionsverhältnissen verkürzt. Die Produktionsverhältnisse – einfacher gesagt: die wirtschaftliche Ordnung – werden dann verändert, wenn sie sich für die neuen Produktivkräfte als zu eng erweisen.

Im Verlauf der Interpretations- und Wirkungsgeschichte des Marxismus hat eine grundlegende Reduktion stattgefunden, die Karl Marx' ursprüngliche Absichten verfälscht. Wer mit dem Wort Produktivkräfte nur die *sachlichen* Produktionsfaktoren, die Technik, verbindet, entmenschlicht die ganze Marxsche Auffassung und verkürzt sie auf jenen Geschichtsmechanismus, den Popper zurecht bekämpft. Auch lebendige Menschen mit Wertvorstellungen und Ideen, mit Gefühlen wie Freude und Leid gehören zu den Produktivkräften, eben nicht nur die Arbeitsmittel. An dieser Stelle entscheidet sich auch, ob man einer freiheitlichen oder einer deterministischen Auffassung von gesellschaftlichem Fortschritt das Wort redet.

Faktisch hat sich in den Ländern des ehemaligen Ostblocks eine deterministische Auffassung durchgesetzt.

Die Geschichte der Menschheit wurde auf eine Geschichte ihrer technischen Errungenschaften reduziert.

Karl Marx glaubte, begründen zu können, weshalb der Kapitalismus an seinen eigenen Bedingungen zugrunde gehen werde. Die aufgrund technologischer Möglichkeiten entwickelte Industriegesellschaft erforderte die Vergesellschaftung der Arbeit. Und diese Art der Arbeit vertrug sich nicht mit den bornierten Formen privater Aneignung. Ich will diesem Gedanken hier nicht weiter nachgehen, weil die evidente alltägliche Erfahrung die Marxsche These vom Zusammenbruch widerlegt. Und auch, weil in allen entwickelten Gesellschaften des Westens die Form des Kapitalismus, die Marx Pate stand, längs überwunden ist.

Die Rolle der Partei

Wer zu wissen glaubt, was zeitgemäß ist, kann *für* die Menschen handeln statt *mit* den Menschen. Er handelt ja im Namen einer höheren Ordnung. Er braucht nur noch ein ausgewähltes Subjekt, das die Reise durch die Zeit beginnt. Das Proletariat, jene Klasse also, die die eigentliche Arbeit verrichtete, ohne in den Genuß der Arbeitsprodukte zu kommen, die am stärksten unterdrückte Klasse, war das Subjekt der Zeitreise. Da es aber – und nun gehe ich über Marx hinaus – selbst durch die Bedingungen geprägt war, die zu überwinden es sich anschickte, bedurfte es eines Vormunds, der das falsche Bewußtsein durchbrach. Dieser Vormund war die Partei. Die Partei redete nie in eigenem Namen, sondern immer im Namen jener, die sie zu vertreten vorgab. Ihre Legitimation verdankte sich ihrem theoretischen Rüstzeug, mit dessen Hilfe sie vermeintlich den »Plan der Geschichte« durchschaute. Von dieser Konzeption der Partei, die im Namen des Proletariats die Diktatur des Proletariats propagierte, hat sich der Marxismus-Leninismus bis zu Michail Gorbatschow nie befreit. Erst er entdeckte wieder die freiheitliche Tradition des Marxschen Grundgedankens. Erst er erkannte wieder, daß man mit jenen reden müsse, in deren Namen man sprach. Ihm war klar geworden, daß Freiheit und Fortschritt ohne demokratische Rückversicherung nicht möglich sind.

Das demokratische Prinzip markierte von vornherein die moralische Grenze zwischen Sozialdemokraten und Kommunisten. Zunächst besagt das demokratische Prinzip, daß jene, in deren Namen man spricht, auch selbst entscheiden müssen, ob dem so ist. Kein Appell an eine höhere Macht kann den legitimen Bezug zwischen Repräsentanten und Repräsentierten ersetzen. Die Einsicht, nach der das gesellschaftliche Sein das Bewußtsein bestimmt, gilt ausnahmslos: Niemand ist befugt, eine Sonderrolle für sich in Anspruch zu nehmen.

Demokratie und Vernunft

Winston Churchill hat einmal sinngemäß gesagt, die Demokratie sei die schlechteste aller Staatsformen, er kenne nur keine bessere.

Wenn wir Karl Marx' Einsicht von der geschichtlichen Bedingtheit all unserer Vorstellungen und unserer Urteile auf die Gegenwart übertragen, müssen wir uns fragen, ob der demokratische Entscheidungsprozeß uns einen Weg aus diesem Gehäuse der Geschichte ebnet. Niemand kann ernsthaft behaupten, daß Mehrheitsentscheidungen vernünftig und gerecht seien, nur weil sie von einer Mehrheit getroffen werden. In pluralistischen Ländern ringen die Parteien um Mehrheiten, überdenken ihre Ziele, geben sie aber nicht vorschnell auf, wenn sie dafür keine Mehrheiten finden. Dies gilt jedenfalls für die Sozialdemokratische Partei Deutschlands, deshalb wird sie »Programmpartei« genannt. Nach unserem Grundgesetz haben die Parteien den Auftrag, an der politischen Willensbildung mitzuwirken. Würde ihr Handeln allein vom opportunistischen Blick auf Mehrheiten bestimmt, wären sie bald nicht mehr zu unterscheiden.

Den angelsächsischen Demokratien folgend haben wir uns seit langem angewöhnt, die verbindliche Geltung von Mehrheitsentscheidungen im rechtsstaatlichen Rahmen von der Frage abzukoppeln, ob diese Entscheidungen auch begründet und sinnvoll sind. Jeder Bürger kann auf seinen Vorstellungen beharren, auch dann, wenn es für diese Vorstellungen keine Mehrheit gibt. Dieses Toleranzprinzip der westlichen Demokratien ist der modus vivendi, der es erlaubt Gesetze zu prägen, die von allen respektiert werden müssen, solange sie gültig sind. Erst die Entkoppelung von Argumentation und Entscheidung bildet die Gewähr, daß der innere Frieden erhalten bleibt.

Die Praxis der politischen Parteien in Deutschland ist mit diesem formalen Entscheidungsmodell allerdings ungenügend beschrieben. Im öffentlichen Diskurs würde keine Partei es wagen, Gesetze einzubringen, die nicht im Hinblick auf das allgemeine Wohl begründet wären. Selbst eine blanke Lobbyistenpartei müßte sich noch den Anstrich geben, der Gerechtigkeit und dem Allgemeinwohl zu dienen. In den fünfziger Jahren warb die Bauernpartei in Bayern nicht damit, für ihre Klientel soviel wie möglich herausholen zu wollen, sondern mit dem Argument, daß es wichtig sei, eine nationale Nahrungsmittelproduktion aufrechtzuerhalten. Es gehört zum Konsens der westlichen Demokratien, daß Begründungen verallgemeinerungsfähig sein müssen. In seiner »Kritik der praktischen Vernunft« nannte Immanuel Kant diese Forderung den »kategorischen Imperativ«. Jeder solle so handeln, daß die Maximen seines Handelns zum allgemeinen Gesetz werden könnten.

Ich habe schon erwähnt, daß die Frage der Demokratie den prinzipiellen Unterschied deutlich macht, zwischen der kommunistischen und der sozialdemokratischen Tradition der Arbeiterbewegung. Die Parteienkonzepte unterscheiden sich grundsätzlich. Das kommunistische Prinzip ist eines der *Bevormundung*, das sozialdemokratische eines der *Partizipation*. In der Auseinandersetzung mit allen Beteiligten soll ein vernünftiger Wille erst gebildet werden. Partizipation und Argumentation – diesen Prinzipien folgt die Sozialdemokratie. Nur wenn sie gewährleistet sind, wird Freiheit wirklich möglich. Wirkliche Freiheit unterscheidet sich aber auch von der individualistischen, also isolierten Betrachtungsweise der konservativen Parteien, die vorgeben, Freiheit sei eine Naturtatsache und müsse nicht erst erworben werden.

Und die sozialdemokratische Auffassung unterscheidet sich grundsätzlich von dem kommunistischen Geschichtsdeterminismus, der Marx unterschoben wurde. Die Geschichte hat eben keinen anderen Sinn als den, den wir ihr geben.

Marktwirtschaft und Demokratie

Ich habe von dem Vorhaben Gorbatschows gesprochen, eine europäische Lösung für die Sowjetunion zu finden. Im Rahmen der Wirtschaftskonferenz der KSZE-Staaten im April 1990 in Bonn hat sich die Sowjetunion klar und unmißverständlich auf die Marktwirtschaft als Basissystem für die ökonomische Ordnung festgelegt. Auf dem Parteitag im Juli 1990 hat Gorbatschow dies noch einmal bekräftigt.

Auch wenn wir nur die Länder in Betracht ziehen, die sich in der Europäischen Gemeinschaft zusammengeschlossen haben, finden wir vielgestaltige wirtschaftliche Ordnungen. Eigentlich verbietet es sich, von Marktwirtschaft in der Einzahl zu reden. Die Praxis fügt sich ja – glücklicherweise – selten den keimfreien Theorien, die in den Studierstuben entwickelt wurden. Die französische Marktwirtschaft ist eine andere als die deutsche. Und auch sie machte im Laufe der letzten zwei Legislaturperioden einen Gestaltwandel durch. Eine von Sozialdemokraten geführte deutsche Regierung würde die Wirtschaft anders ordnen, als es die gegenwärtige Regierung tut. Aber sie wird dies immer im Rahmen einer – verbesserten – Marktwirtschaft tun.

Welche Leitidee liegt den verschiedenen Wirtschaftsordnungen zugrunde, daß wir sie trotz aller Verschiedenheit gleichwohl als »Marktwirtschaften« bezeichnen können? Im Grunde ist es die Idee, daß jede Wirtschaftsordnung vom einzelnen her zu bestimmen sei. Es ist das Prinzip der Freiheit. Die Bedürfnisse des einzelnen setzen das gesamte wirtschaftliche Getriebe in Gang und halten es am Laufen. Selbstverständlich wissen wir alle, daß Bedürfnisse abhängig von den Chancen gebildet werden, sie auch zu befriedigen. Ökonomisch gesprochen ist dies die Differenz zwischen Bedürfnis und Bedarf. Bedarf – geldwerte Nachfrage – setzt den Wirtschaftsprozeß in Gang. Und die schon befriedigten Bedürfnisse rufen neue Bedürfnisse hervor. Je höher der Lebensstandard ist, desto differenzierter werden die Bedürfnisse.

Die Grundregel, von der Situation des einzelnen auszugehen, unterscheidet die Marktwirtschaft prinzipiell von der Planwirtschaft. Dabei bin ich mir bewußt, daß es eine ähnliche Fiktion darstellt, vom autonomen Verbraucher auszugehen, wie vom viel zitierten »mündigen Bürger«. Über Autonomie und Mündigkeit verfügt der Mensch nicht automatisch, wie er zwei Beine und zwei Arme hat. Es sind kulturelle Tugenden, die er sich im Laufe seiner Geschichte erwirbt. Alle Bedürfnisse, die nicht nur das bloße Überleben sichern, sind die Ergebnisse eines Bildungsprozesses. Dieser Bildungsprozeß kann mehr oder weniger gut gelingen. Und alle Bedürfnisse – ich erinnere an Marx – sind historisch eingebettet. Es wäre schlichter Unfug, den Menschen des 18. Jahrhunderts anzudichten, der Plattenspieler sei ein Bedürfnis für sie gewesen. Es bleibt dabei: Bedürfnisse bilden sich abhängig von den Chancen, sie auch zu befriedigen. Und es gibt keine Autonomie *jenseits* der Geschichte, aber es gibt eine Autonomie *in* der Geschichte.

Das kommunistische System hat den Menschen die Chancen auf Autonomie genommen. Es lebt von Bevormundung, genauer gesagt: von einer doppelten Bevormundung im wirtschaftlichen und im politischen Prozeß. Die von oben gesteuerte Wirtschaft gibt den Bürgern vor, welche Bedürfnisse sie befriedigen können. Ganz unabhängig davon, daß sich die gesteuerte, also die Planwirtschaft als ineffizent erwiesen hat, fehlt ihr auch das Element der Freiheit. Der ungarische Staatsminister Imre Pozgay, Mitglied der Ungarischen Sozialistischen Arbeiterpartei, hat dies in einem Gespräch mit der »Zeit« im Juni 1989 auf den Punkt gebracht:

»Nach meinen Begriffen ist demokratischer Sozialismus aber zunächst einmal eine Verneinung: Die Verneinung jenes überheblichen Sendungsbewußtseins, das die kommunistischen Parteien lange gekennzeichnet hat, mit dem die Partei eine eigenartige pädagogische Funktion ausgeübt und das Volk lediglich als Gegenstand der Erziehung betrachtet hat. Die Herrschaftsform sieht dann nämlich so aus, daß eine jakobinische intellektuelle Elite die ganze Gesellschaft von oben lenkt.«

Und über das Verhältnis von politischer Freiheit und wirtschaftlicher Freiheit sagt er weiter:

»Es geht vielmehr um die grundsätzliche Frage, wie man die Wirtschaft aus den Fesseln der außerökonomischen Zwänge befreien kann ... Das Wesen der stalinistischen Struktur besteht ja gerade darin, daß es keine wirkliche Wirtschaft, keinen wirklichen Markt und kein wirkliches Geld gibt. Die Politik frißt alle Lebensbereiche in sich auf, darunter auch die Wirtschaft. Damit wird praktisch die Zivilgesellschaft aufgehoben, die Bürger werden zu Untertanen gemacht und in eine voneinander abhängige Hierarchie eingeordnet.«

Während Karl Marx noch davon sprach, daß die wirtschaftlichen Verhältnisse die politischen Verhältnisse prägen, vollzogen die kommunistischen Parteien jenen einzigartigen Salto mortale, der das gesamte Leben unter ihre politische Doktrin zwang. Was einst als Befreiung aus den Fesseln der Wirtschaft angelegt war, endete in einer Bürokratisierung aller Lebensbereiche. Deshalb ist es falsch, das Urteil über den Kommunismus allein an den

Untaten eines Josef Stalin festzumachen. Die umfassende Bevormundung der Bürger seitens der Partei und ihres Apparats tötete die gesellschaftliche Atmosphäre. Sie bedeutete das Ende einer zivilisierten Gesellschaft.

Daß nun politische und wirtschaftliche Reform in der Sowjetunion Hand in Hand gehen, ist also kein Zufall. Es ist die Konsequenz des Denkens vom Einzelnen her. Gewiß ist die Sowjetunion noch keine Demokratie, sondern ein Staat auf dem Weg in die Demokratie. Gewiß ist die Sowjetunion noch eine Demokratie ohne Demokraten, wie es Thomas Mann einmal über die Weimarer Republik gesagt hat. Sicher scheint mir aber auch zu sein, daß die sowjetische Führung mehr Kraft dafür braucht, die alten Ideologien zu überwinden, als sie anderen Ländern aufzunötigen.

Der Fall der Mauer am 9. November 1989 war das Ereignis des Jahres für uns Deutsche. Die Selbstbefreiung Ungarns, Polens, der ČSFR und der anderen Satellitenstaaten war das Ereignis des Jahres für ganz Europa. Und daß es die Sowjetunion zuließ, wohl wissend, dadurch ihre Rolle als Weltmacht aufs Spiel zu setzen: das war das weltpolitische Ereignis des Jahrzehnts.

II. Auf dem Weg in ein kollektives Sicherheitssystem

Die allerneueste Unübersichtlichkeit

Seit geraumer Zeit mehren sich die Stimmen, die mit verhaltener Trauer den Verlust einer geordneten Welt beklagen. Der bipolare Zustand zwischen Ost und West, zwischen der Sowjetunion und ihren Satellitenstaaten einerseits und der Vereinigten Staaten und ihren Verbündeten andererseits hatte wenigstens eine klare Kontur. Jede Seite war überzeugt von der eigenen Friedfertigkeit und von der potentiellen Aggressivität der anderen Seite. Im Prinzip ging man davon aus, daß die Interessen des Ostens und die Interessen des Westens gegenläufig seien: Deshalb wurde über viele Jahre ein modus vivendi gesucht, wie man antagonistisch miteinander kooperieren könne. Im großen und ganzen teilten aber auch beide Seiten die Einsicht, daß im Atomzeitalter der große Krieg kein Mittel der Politik mehr sein könne.

Für die zwischenstaatliche Ordnung suchte man nach einer Lösung, die Kant für die innerstaatliche Ordnung so beschrieb:

»Das Problem der Staatserrichtung ist, so hart wie es auch klingt, selbst für ein Volk von Teufeln (wenn sie nur Verstand haben) auflösbar und lautet so: Eine Menge von vernünftigen Wesen, die insgesamt allgemeine Gesetze für ihre Erhaltung verlangen, deren jedes aber insgeheim sich davon auszunehmen geneigt ist, so zu ordnen und ihre Verfassung einzurichten, daß, obgleich sie in ihren Privatgesinnungen einander entgegenstreben, diese einander doch so aufhalten, daß in ihrem öffentlichen Verhalten der Erfolg ebenderselbe ist, als ob sie keine solche bösen Gesinnungen hätten.« (Zum ewigen Frieden, 2. Abs. 1. Zusatz.)

Die zwischenstaatliche Ordnung der verfeindeten Blöcke soll auf diplomatischem Wege so zivilisiert werden, daß es nicht zum Äußersten kommt. Dennoch werden im Rahmen der Unterstellung gegenseitiger Feindseligkeit einzelne Interessen ausgemacht, die man gemeinsam verfolgen kann. Es gibt keinen Grund, diese Zivilisierung der Feindschaft zu verachten.

Während noch kurz nach dem Kriege beide Blöcke stumm aufrüsteten, kam es während des Kalten Krieges zu einer Art korrespondierendem Rüstungswettlauf. Jede Seite legte in dem Maß nach, wie sie der anderen Seite unterstellte, dasselbe zu tun. Naturgemäß überschätzten beide Seiten die Stärke des Gegners. Und so entstand eine endlose Rüstungsspirale. Mit der Entspannungspolitik der Nixon-Administration kam ein neues Moment in die zivilisierte Feindschaft: Beide Seiten handelten aus, bis zu welchen Grenzen Aufrüstung gestattet sein sollte. Mit der Konferenz für Sicherheit und Zusammenarbeit in Europa wurden außermilitärische Lebensbereiche in den Verhandlungskatalog aufgenommen. Vertrauensbildende Maßnahmen erstreckten sich auch direkt auf die innere Ordnung der Länder in dem jeweiligen Bündnissystem.

Man begann darüber nachzudenken, ob an Stelle einer regulierten Aufrüstung nicht auch eine regulierte Abrüstung treten könne. Der Abbau der russischen und der amerikanischen Mittelstreckenwaffen war ein erster wichtiger und erfolgreicher Schritt in diese Richtung.

Die Entwicklung der Waffentechnologie hatte nach dem Krieg dazu geführt, daß die typischen Kriegsziele des neunzehnten Jahrhunderts – Machtentfaltung durch Eroberung von Terrain – verlagert wurden. Die logistische Trennung von Mensch und Waffe (vornehmlich durch die Raketen) ermöglichte die *Zerstörung* eines Landes ohne dessen *Besetzung*. Während konventionelle Verteidigungsstrategien immer darauf ausgerichtet waren, eine Landnahme zu verhindern, erforderte die neue Technologie auch eine neue Strategie. Es mußte – so wenigstens war die allgemeine Meinung – darüber nachgedacht werden, wie man den potentiellen Gegner davon abhalten könne, das eigene Land mit Hilfe von Raketen einfach von außen zu zerstören. Dabei kommt es gar nicht darauf an, ob die Raketen atomar bestückt sind oder konventionell: Mir jedenfalls erscheint die Wirkung einer konventionellen Rakete auf ein Atomkraftwerk genauso schrecklich, wie die Wirkung einer atomaren Rakete auf ein konventionelles Kraftwerk.

Mit den neuen Strategien, die der Entkoppelung von Mensch und Waffe entsprechen, ist auch der Krieg in den Vorstellungen der Menschen »entmenschlicht« worden. Selbst die Feindbilder hatten keine Menschen mehr zum Gegenstand: Der Feind hieß nicht länger Iwan, Tommy, Franzmann oder »Krauts«, sondern Nato und Warschauer Pakt. In der Sicherheitspolitik fand der Mensch einfach nicht mehr statt, weil er aus den Strategien begrifflich eliminiert worden war. Sicherheit wurde nur noch in technokratischen Kategorien gedacht. Dieselben Politiker, die schon die Vorstellung, daß ein deutscher Soldat einem ukrainischen Familienvater in der Uniform der Roten Armee das Bajonett in die Brust rammt, unerträglich finden, debattieren völlig ungerührt über die strategische Notwendigkeit eines atomaren Erstschlags gegen die Sowjetunion. Der Gedanke an die Tötung eines einzelnen Menschen erfüllt uns mit Schrecken und erweckt unser Mitgefühl. An die mögliche Vernichtung von Millionen hingegen denken wir in nüchterner Logik, ist es doch nur eine mehr oder weniger »theoretische« Frage der Sicherheitsstrategie.

Diese Entmenschlichung der Sicherheitsstrategien hatte auch ihr Gutes. In dem Maße, wie nicht mehr Menschen, sondern Organisationen die Feindbilder prägten, wurden die zwischenmenschlichen Begegnungen über die Blockgrenzen hinweg vorurteilsfreier, wurden Völkerfreundschaften leichter. Nicht die Ungarn, die Polen oder die Tschechen wurden im Westen als bedrohlich empfunden, nicht einmal die Völker der Sowjetunion, die Balten, die Georgier oder die Russen, sondern der Warschauer Pakt als organisatorisches Ganzes. Wiewohl also die Entmenschlichung der Sicherheitsstrategien die Entspannung begünstigt hat, so hatte sie doch auch einen äußerst negativen Aspekt: Es bestand die große Gefahr, daß ein von willfährigen Technokraten gelenkter Sicherheitsapparat sich gegen die Menschen verselbständigen könnte. Der Ausbruch des atomaren Völkermords war nicht mehr eine Frage der politischen Bösartigkeit, ja nicht einmal mehr eine Frage der freien Entscheidung von Politikern, sondern mehr und mehr eine Frage der technokratischen Routine: Würde ein gewisses Telefon schrillen und ein gewisser Alarmknopf aufleuchten, dann würde mit einem Knopfdruck das Inferno ausgelöst werden – gleichsam die Umsetzung der Strategie als Pawlowscher Reflex eines Menschen in Uniform.

Die Einsicht, daß der alles vernichtenden Kraft der Raketen nicht seinerseits mit technologischer Hochrüstung begegnet werden konnte – auch SDI dient hier als bloßer Vorwand –, war die Geburtsstunde der modernen Abschreckungsstrategie. Sie ist eine Mischform politischer und militärischer Überlegungen. Die Abschreckungsstrategie wollte nicht raumgreifende militärische Eroberungen erschweren oder verzögern. Sie hatte zum Ziel, das Risiko generell und von Anfang an so hoch anzusiedeln, daß der potentielle Gegner von einem Angriff ablassen würde. Als politisches Instrument machte die Abschreckungsstrategie Sinn. Ihre militärischen Folgen aber waren bedenklich. Sie mußte im äußersten Falle zu einer Drohung greifen, die nicht nur den Massenmord, sondern auch noch die Selbstvernichtung einschloß. Und wir wissen ja: Es ist wenig plausibel, einen Selbstmörder von seinem Vorhaben mit dem Argument abzuhalten, sein Tun würde mit dem elektrischen Stuhl bestraft. Die militärische Form der atomaren Abschreckung war die paradoxe Seite der Abschreckungsstrategie.

Was bleibt, ist der legitime Wunsch, nicht nur gegen die Besetzung, sondern auch gegen eine Zerstörung des eigenen Terrains möglichst gut abgesichert zu sein.

Dabei scheint es durchaus sinnvoll zu sein, sich nicht allein an den *Absichten* der anderen Seite zu orientieren, sondern an deren *Möglichkeiten*. Die Absichten können sich nämlich oftmals schneller ändern als die Möglichkeiten, die an große Infrastrukturleistungen gebunden sind. Genauer gesagt: Auch wenn die westliche Führungselite einschließlich der Generalität in ihrer großen Mehrzahl davon ausgeht, daß Michail Gorbatschow sicherlich keine Kriegsabsichten hegt, ist dies noch kein Grund, sich militärische Blößen zu geben und umgekehrt. Es ist aber auch kein Grund, die Hände einfach in den Schoß zu legen.

Bei einem Teil der deutschen Generalität geht die Sorge um, daß die Bevölkerung einen Verteidigungshaushalt in der derzeitigen absurden Höhe nicht mehr akzeptieren würde. Vom rapiden Verfall des Feindbildes blieb auch die Bundeswehr nicht verschont, wie wir aus psychologischen Studien wissen. Die Vermutung der Generäle trifft zweifellos zu, ihre Sorge nicht.

Der faktische Zerfall des Warschauer Pakts verlangt ein politisches und militärisches Überdenken der Organisation unserer eigenen Sicherheit. Sonst würde über kurz oder lang der Bundeswehr eine ähnliche Krise drohen, wie sie die Nationale Volksarmee in dramatischer Weise erschüttert und zu deren Selbstauflösung als militärisches Instrument geführt hat.

Die Ausgangslage

Die für die Nachkriegszeit charakteristische waffenstarrende Konfrontation der Blöcke war lediglich militärischer Ausdruck eines tief in den unterschiedlichen gesellschaftlichen Strukturen angelegten Konflikts. Mit den revolutionären Umwälzungen der gesellschaftlichen Strukturen in Osteuropa hat sich auch der Ost-West-Konflikt in seinem Kern aufgelöst. Der militärische Konflikt zwischen Ost und West macht keinen Sinn mehr, wenn an die Stelle stalinistischer Einparteien-Diktaturen politische Ordnungen treten, die von den Grundsätzen der Meinungsvielfalt, der Gewaltenteilung und der Rechtsstaatlichkeit getragen werden. Im gleichen Maße, wie die Demokratie als Organisations- und Lösungsprinzip innerstaatlicher und innergesellschaftlicher Konflikte vorherrscht, wächst die Bereitschaft der Staaten, auch ihre äußeren Konflikte auf demokratischem, das heißt auf gewaltlosem Wege zu regeln.

Der Zusammenbruch der kommunistischen Gesellschaftssysteme hat also die Grundlagen der Sicherheitspolitik völlig verändert. Was vorher – unter den Bedingungen der bipolaren Konfrontation – richtig war, kann heute – im Zeichen einer multilateralen Partnerschaft – falsch sein und umgekehrt. Es wäre geradezu lächerlich – und doch geschieht es immer wieder –, in den aktuellen sicherheitspolitischen Argumenten der Politiker die Widersprüche zu früheren Positionen zu suchen. Wer jetzt noch argumentiert wie eh und je, der zeigt nur, daß er das grundsätzliche Ausmaß der Veränderungen in Europa nicht begreifen will.

Niemand im Westen war auf die politischen Umwälzungen in Osteuropa wirklich vorbereitet – auch die nicht, die den Untergang des »Reichs des Bösen« ständig beschworen haben. Dergleichen Beschwörungen gehörten zu einem abgenutzten propagandistischen Ritual, dessen Feuer längst erloschen war, weil der Glaube daran fehlte. Alle Strategien der Sicherheitspolitik gingen davon aus, daß die unterschiedlichen Gesellschaftsstrukturen in Ost und West und die daraus entstandene militärische Konfrontation der beiden Blöcke fortdauern würde. Wie sich herausgestellt hat, lag ein sicherheitspolitischer Plan für den Fall, daß sich die gesellschaftlichen Verhältnisse in Osteuropa grundsätzlich wandeln, in keiner einzigen Schublade. Das ist doch höchst erstaunlich! Denn immer wieder haben im Westen linke wie rechte Demokraten die Überzeugung geäußert, daß die kommunistischen Diktaturen nicht auf Dauer gegen das Freiheitsstreben der Menschen werden bestehen können; immer wieder haben westliche Ökonomen vorausgesagt, daß die östlichen Kommandowirtschaften letztendlich an ihrer eigenen Ineffizienz scheitern werden. Das Ende des Kommunismus entsprach so zweifelsohne einer politischen und wirtschaftlichen Logik. Umso bedenklicher stimmt es, daß der Zusammenbruch, als er dann wirklich eintrat, so gut wie alle überrascht hat. Offensichtlich will es der Politik auch gegen die besseren Einsichten ihrer Akteure nicht gelingen, sich der Schwerkraft des Faktischen zu entziehen. Politik ist zu sehr reaktiv und zu wenig präventiv. Angesichts der ökologischen Herausforderung, vor die uns die Zukunft stellt, ist diese Feststellung nicht gerade beruhigend.

Das Gleichgewicht des atomaren Schreckens hat verhindert, daß aus dem »kalten« ein »heißer« Krieg wurde. Doch barg dieses Gleichgewicht des »Overkills« für die gesamte Menschheit die stete Gefahr, daß der Vernichtungsmechanismus, einmal – gewollt oder ungewollt – in Gang gesetzt, sein Zerstörungswerk unaufhaltsam vollenden würde. Unter dem Vorzeichen der Block-Konfrontation könnte die militärische Integration der Nato die Form einer tödlichen Spirale annehmen: Jeder Bündnispartner hätte leicht in den Sog der Vernichtung gezogen werden können, wenn sich »seine« jeweilige Supermacht auf ein militärisches Abenteuer eingelassen hätte. Aus diesem Grunde habe ich seinerzeit die Entscheidung der Spanier und der Franzosen, zwar dem nordatlantischen Verteidigungsbündnis anzugehören, die eigenen Truppen aber nicht einem »integrierten«, sprich amerikanischen Oberkommando zu unterstellen, für richtig gehalten. Keine Regierung sollte die Entscheidung über Leben und Tod für die eigene Bevölkerung einer anderen Macht überlassen, und sei sie noch so befreundet.

Das Gleichgewicht des Schreckens, so unerträglich es

war, hatte zweifellos den Vorteil, disziplinierend zu wirken. Die beiden sich in »kalter« Feindschaft gegenüberstehenden Blöcke hatten unter dem Druck der gegenseitigen Bedrohung im Innern zu einer Art Burgfrieden gefunden – ein freiwilliger Burgfriede im Westen, ein von der Sowjetunion erzwungener im Osten. Die Bedrohung, die von dem jeweils anderen militärischen Block ausging, reichte aus, um bei den einzelnen Bündnismitgliedern die Einsicht wach und wirksam zu halten, daß Konflikte nicht auf militärischem Weg ausgetragen werden dürfen. Hätte es nicht den Ost-West-Konflikt gegeben, mit seiner integrierenden Kraft durch die Nato, Griechenland und die Türkei hätten ihren Konflikt womöglich mit Waffen »bereinigt«.

Solange die Zeichen zwischen den Blöcken auf Konfrontation standen, war die sogenannte »militärische Integration« der jeweiligen Blöcke selbst für deren Zusammenhalt nur bedingt erforderlich, da schon die äußere Bedrohung eine wirksame Klammer darstellte. Unter dem Vorzeichen der Konfrontation überwog für die kleineren Bündnispartner der negative Aspekt einer militärischen Integration der Nato – die große Gefahr nämlich, ohne Absicht in eine tödliche Verstrickung einbezogen zu werden. Jetzt aber, da die Blöcke sich aus der Konfrontation lösen, weil die gesellschaftlichen Grundlagen dafür nicht mehr existieren und zu einer Friedensordnung übergehen, schwindet der von einer äußeren Bedrohung ausgehende disziplinierende Druck. Jetzt bleibt als Mittel der Disziplinierung nur noch die Integration – gleichsam eine Integration auf allen Ebenen, der politischen, der gesellschaftlichen, der kulturellen, der wirtschaftlichen und nicht zuletzt der militärischen Ebene. Denn auch der »militärischen Integration« wohnt ja mit dem Ende der

Konfrontation keine tödliche Ratio mehr inne. Integration hat also jetzt, in dem Maße, wie sie blockübergreifend gedacht wird, für eine neue europäische Friedensordnung eine völlig andere Qualität als sie es vormals für den jeweiligen »Burgfrieden« hatte. Die Gefahr, daß mit der Auflösung der Blöcke die latenten Konflikte zwischen ehemaligen Bündnispartnern aufbrechen und sich in bewaffneten Auseinandersetzungen entladen, ist nicht von der Hand zu weisen – man denke nur an die nationalistischen, separatistischen Aufstände in der Sowjetunion oder auf dem Balkan, man denke nur an die zwischen Ungarn und Rumänien oder zwischen Griechenland und der Türkei nach wie vor schwelenden Konflikte, die sich jederzeit an territorialen Fragen oder an der Minderheitenproblematik neu entzünden können. Bereits jetzt gibt es, nach Öffnung der Grenzen in Osteuropa, eine »Völkerwanderung der Armut und der Angst«. Da der Schrecken des »Kalten Krieges« den Burgfrieden nicht mehr sichert, ist es notwendig, die militärischen Strukturen auf einer zwischenstaatlichen, blockübergreifenden Ebene so zu verzahnen, daß ein einzelner Staat gar nicht mehr in der Lage ist, einen nationalen Krieg zu führen. Europa braucht ein kollektives, militärisch integriertes Sicherheitssystem.

Freilich darf Sicherheit nicht mehr allein unter militärischen Gesichtspunkten verstanden werden. Auch Sozialpolitik, auch Wirtschaftspolitik ist Sicherheitspolitik: Handelsstaaten wie die Bundesrepublik leben in gegenseitiger Abhängigkeit, sind auf ein friedfertiges, geregeltes Miteinander der Völker angewiesen, um ihren Wohlstand zu sichern. Militärische Kategorien allein waren für den Schutz vor Krieg noch nie ausreichend. Es kommt darauf an, jetzt den in Westeuropa beschrittenen Weg der sozio-ökonomischen Verflechtung nach Osteuropa weiterzuführen. Zwischen Staaten der Europäischen Gemeinschaft ist Krieg nicht mehr vorstellbar. Das liegt weniger am Schwinden des Nationalismus als vielmehr daran, daß die gegenseitigen Abhängigkeiten zu groß geworden sind.

Und zur Sicherheit gehört nicht minder der Schutz vor den ökologischen Risiken der Industriegesellschaft. Die Folgen einer möglichen Klimakatastrophe werden sich auf lange Sicht als ebenso verheerend erweisen wie die Folgen eines atomaren Krieges. Also wird es für die Entwicklung einer europäischen Sicherheitsstruktur mitentscheidend sein, ob und inwieweit es gelingt, nicht nur die staatliche, sondern auch die gesellschaftliche Spaltung in Europa zu überwinden und ein ökologieverträgliches Wirtschaften durchzusetzen. Das Ende des Ost-West-Konflikts läßt das wirtschaftliche und technologische Gefälle zwischen West- und Osteuropa vordergründiger und augenfälliger werden. So schnell wird dieses Gefälle freilich nicht verschwinden, ist es doch schon älter als die stalinistische Mißwirtschaft. Gewiß aber sind, um einer sicheren Friedensordnung willen, große Anstrengungen der westlichen Länder erforderlich, um das Gefälle zu verringern. Also gilt es, Formen der wirtschaftlichen Zusammenarbeit zu finden, die das strukturelle Gefälle von Westen nach Osten abmildern. Ein »gemeinsames europäisches Haus«, in dem das wirtschaftliche Gefälle zwischen West und Ost nicht eingeebnet, sondern lediglich von der Elbe an die Oder verschoben worden wäre, stände auf schwachem Fundament. Mit der Höhe des materiellen Wohlstands – diese Erfahrung haben wir gemacht – steigt oft auch die Akzeptanz eines ökologischen Wirtschaftens. Immerhin stehen durch den Umbruch in Osteuropa die Chancen besser, daß sich das Sicherheitsdenken der Menschen aus der alten Fixierung auf militärische Kategorien befreit, um sich auf ökologische Kategorien umzuorientieren.

Mit der Auflösung der Blöcke scheinen sich auch einige Denkblockaden gelöst zu haben. Sogar über einen Nato-Beitritt der Sowjetunion darf jetzt wieder nachgedacht werden. Auf dem Weg in ein kollektives, integriertes europäisches Sicherheitssystem könnten zum Beispiel Polen, Ungarn oder die ČSFR durchaus vorübergehend den beiden Bündnissen angehören. Es versteht sich von selbst, daß Nato und Warschauer Pakt dadurch eine andere Qualität erhielten – eine »strukturelle Angriffsunfähigkeit«, die man über die Umstellung der Waffensysteme auf Defensivfunktionen allein nie erreichen könnte.

Wenn sich das Wesen der Bündnisse selbst auf eine solche oder eine ähnliche Art verändert, spielt letztlich die Bündniszugehörigkeit keine entscheidende Rolle mehr für die Sicherheit. Das Problem der Neutralisierung eines Staats – sei es die Bundesrepublik, sei es ein anderes Land – wäre damit behoben. In wirtschaftlicher und gesellschaftlicher Hinsicht sind die Staaten Europas schon so sehr miteinander verflochten, daß die Neutralisierung des einen oder anderen ein Anachronismus wäre. Ist es nicht paradox, solche Verflechtungen einerseits festigen zu wollen und andererseits ein einzelnes Land qua Neutralisierung in eine geschichtlich überholte Nationalstaatlichkeit zurückzudrängen?

Die Beendigung des Ost-West-Konflikts in der Folge der osteuropäischen Ereignisse öffnet nicht nur neue Spielräume für die Entwicklung einer gesamteuropäischen Sicherheitsstruktur, sie macht auch Abrüstungsschritte in weit größerem Maßstab möglich, ja erforderlich, als dies bisher geplant war – Abrüstungsschritte von ganz anderem Charakter. »Wer soll in einem Europa der Rechtsstaaten noch mit Atomwaffen abgeschreckt werden?« fragte Dieter Senghaas? Jede Sicherheitsstrategie erfordert spezifische Mittel. Die Waffen der Abschreckung in einem bipolar geordneten Europa taugen kaum noch für ein multilateral strukturiertes, integriertes Sicherheitssystem. In einem Europa der Rechtsstaaten muß auch die Bewaffnung Rechtsstaatlichkeit widerspiegeln. In der Grundtendenz geht es also darum, von einer genuin militärischen Rüstung zu einer stärker polizeilich ausgerichteten Bewaffnungsstruktur zu kommen. Dies wäre eine angemessene Antwort auf Michail Gorbatschows Bestreben, die Sowjetunion näher an Europa heran und in die Rechtsstaatlichkeit zu führen.

Noch ist allerdings nicht ausgemacht, ob Gorbatschow sich halten kann. Noch ist nicht ausgemacht, ob nicht doch in der Sowjetunion die Konservativen das Ruder in Richtung auf einen neuen Konfrontationskurs drehen werden. Selbst die Einsicht, daß diese Konfrontation viel von ihrer Bedrohlichkeit verloren haben wird, weil die Sowjetmacht unübersehbar breite Risse zeigt, reicht nicht aus. Die Vorbehalte der Westmächte gegen eine konsequente Umrüstung sind im Kalten Krieg so erhärtet, daß sie schwer auszuräumen sind. Es wäre aber fatal, wenn Vorsicht zur Lähmung der reformerischen Kräfte führte.

Zudem hat es den Anschein, als blockiere nicht allein Vorsicht das politische Denken der Großmächte. Selbstverständlich wird in den Vereinigten Staaten weniger in den Kategorien der »Europäisierung« gedacht als bei uns. Die USA verstehen sich nach wie vor in erster Linie als Weltmacht – mit allen ideologischen Konsequenzen, die dem politischen Denken daraus erwachsen. Aber auch die Briten und Franzosen hegen gegenüber ihrer einstigen Weltmachtstellung offenbar immer noch nostalgisch getönte Gefühle. Die Erinnerung an den Glanz des einstigen Imperiums ist bei geschichts- und traditionsbewußten Menschen noch nicht vollständig verblaßt. Deshalb fällt es schwer, nun im europäischen »Mittelmaß« aufzugehen oder darin gar eine nationale Erfüllung zu sehen. Die englische und die französische Politik, wie könnte es anders sein, sind also nicht frei von skeptischen Empfindungen – was eine konsequente Europapolitik nicht gerade erleichtert. Auf dem Weg zu einem gemeinsamen europäischen Sicherheitssystem stehen die Hürden demnach nicht nur im Osten, sondern auch schon im Westen. So klar das Ziel erkennbar ist, soviel Behutsamkeit, soviel Überzeugungskraft, soviel Beharrlichkeit vor allem werden nötig sein, dorthin zu gelangen, Etappe um Etappe. Vor allem gilt es darauf zu achten, daß nicht durch eine allzu starre Fixierung auf das Endziel von morgen das heute schon Mögliche unmöglich wird. Daß die Nato gegenüber einem zerbröckelnden Warschauer Pakt ihre zuvor schon starke Position noch ausbauen konnte, liegt an den wirtschaftlichen und gesellschaftlichen Problemen der kommunistischen Ordnung, liegt aber auch an der bewußten Europäisierungs- und Demokratisierungspolitik Michail Gorbatschows. Über Jahrzehnte hat der Westen eine solche Politik im Namen der Menschenrechte gefordert. Jetzt, da auch er deren Nutznießer ist, wäre es geradezu unmoralisch, würde er die Ergebnisse dieser Demokratisierungspolitik gegen ihren Urheber kehren. Selbstverständlich hat die Sowjetunion legitime Sicherheitsinteressen, die es zu wahren gilt. Wem wäre geholfen, würde Gorbatschow außenpolitisch sein Gesicht verlieren – doch wohl nur jenen konservativen Kräften in der Sowjetunion, die auf eine Gelegenheit warten, das Rad der Demokratisierung wieder zurückzudrehen.

Gewiß dürfen sich die Grundzüge einer militärischen Strategie – darauf habe ich schon hingewiesen – nicht mit den Absichten und dem Wirken eines einzigen Mannes, Michail Gorbatschows, verbinden. Ohnehin tun wir gut daran, die Ereignisse in der Sowjetunion nicht allzu sehr als das Werk einzelner Figuren auf der derzeitigen politischen Bühne zu sehen. Denn die weitere Entwicklung der Sowjetunion hängt nicht allein von den mehr oder minder intelligenten Entschlüssen des Staatspräsidenten und seiner Berater ab.

Aus einer Analyse des amerikanischen Geheimdienstes geht hervor, daß auch eine andere sowjetische Führung nicht in der Lage wäre, dem Land seine ehemalige Stärke als ideologische Hegemonial- und militärische Weltmacht zurückzugeben. Folgerichtig war es der amerikanische Geheimdienst, der in einer Art von »paradoxer Intervention« gegen das amerikanische Verteidigungsministerium die Begrenzung des amerikanischen Rüstungshaushalts forderte.

Die Labilität der Sowjetunion und die Emanzipation der Satellitenstaaten

Das eigentliche Risiko ist nicht die *Stärke* der Sowjetunion, sondern ihre *Schwäche*. Genügte es bisher, daß sich der amerikanische Präsident und der Präsident der Sowjetunion im Grundsatz einigten, und konnte man getrost darauf vertrauen, daß die Verbündeten einerseits, die Satellitenstaaten andererseits diese Einigung mittrugen, so hat die Emanzipation der Satellitenstaaten zu einer völlig neuen Lage geführt. Die Re-Nationalisierung der Sicherheitspolitik in den Ländern des Warschauer Pakts verlangt, die Interessen der einzelnen Länder zu berücksichtigen. Die Verhandlungen sind dadurch komplizierter geworden. Und die Verhandlungspartner sind bislang überwiegend auf die KSZE-Struktur angewiesen. Allerdings ist es eine absurde Vorstellung, der Sowjetunion noch die Macht zuzutrauen, die Staaten des Warschauer Pakts in einen Angriffskrieg zu führen. Die Nato hat z. B. mit der Absage der Wintex-Manöver endlich Konsequenzen aus dieser Einsicht gezogen.

Das zweite große Risiko, dem eine Modernisierung der westlichen Verteidigungsstrategie ausgesetzt ist, liegt in der inneren Entwicklung der Sowjetunion. Die baltischen Staaten, 1940 von Stalin zwangsintegriert, haben ihre Unabhängigkeit erklärt, ohne sie allerdings vollziehen zu können. Die Staaten im Süden des Riesenreiches erinnern sich selbstbewußt ihrer kulturellen und religiösen Identität und werden zum unkalkulierbaren Faktor. Selbst in der russischen Zentralrepublik werden Stimmen laut, die einer stärkeren Föderalisierung des Bundesstaates Sowjetunion hin zu einem Staatenbund – etwa wie die USA und hoffentlich das zukünftige Europa – das Wort reden. Die sowjetische Führung hat nicht nur ihre Hegemonie gegenüber den Satellitenstaaten verloren, ihr droht auch noch der Verlust der Hegemonie gegenüber den eigenen Republiken. Ich bin mir bewußt, daß man von Verlust nur dann reden kann, wenn man die Entwicklung in der Sprache der alten Machtpolitik beschreibt. Wenn man allerdings – wie dies bei Gorbatschow zu vermuten ist – nicht mehr in den Kategorien der alten

Machtpolitik denkt, dann kann der vermeintliche Verlust auch als ein Zugewinn an Freiheit verstanden werden. Was bleibt, ist die Gefahr, daß die alte Ordnung verlorengeht, ohne daß die neue am Horizont schon sichtbar wäre. Die Rückkehr zu den politischen und militärischen Sicherheitsstrukturen des neunzehnten Jahrhunderts jedenfalls verhieße nichts Gutes.

Am Beispiel der DDR-Bürger können wir versuchen zu verstehen, was die Menschen gegenwärtig bewegt: Die Überwindung der alten ungerechten Ordnung setzt Hoffnungen frei, aber sie gebiert auch Angst vor einer ungewissen Zukunft. Die weltpolitische Lage wird nicht gerade weniger kompliziert dadurch, daß die westlichen Regierungen bei dieser Entwicklung eben nicht einfach nur Zuschauer sind, auch wenn sie sich gelegentlich so verhalten. Die erste Konsequenz meiner Analyse ist, daß wir alles tun müssen, um die von Gorbatschow repräsentierte Politik zu stärken. Der Westen hat dazu das Instrument in der Hand: Wir müssen die Abrüstung vorantreiben.

Dynamisierung der Abrüstung

Gorbatschows Politik wird nur dann eine Chance haben, wenn sie glaubwürdig einen bescheidenen Wohlstand in Aussicht stellt. Wir alle wissen, daß Umstrukturierungen der Wirtschaft in diesem Ausmaß – historisch ist das ohne Vorbild – ihre Zeit brauchen. Jeder Rubel, der im Verteidigungshaushalt eingespart wird und so einer produktiveren Verwendung zugeführt werden kann, vermehrt die Überlebenschance der Reformpolitik, ohne unsere Sicherheit zu vermindern. Die erhebliche Verringerung der

Bundeswehr-Personalstärke, eine Wehrpflicht von maximal zwölf Monaten, der Verzicht auf Großmanöver, das Einstellen von Tiefflugübungen und der Stopp von Rüstungsvorhaben wie dem Jäger 90 und anderen Großwaffensystemen ist überfällig. All dies bedeutet eine Verplemperung von Volksvermögen auf unserer Seite, die eine Verplemperung von Volksvermögen auf der Seite der UdSSR zur Folge hat.

Als die SPD diese und andere Vorschläge im April in einem Sicherheitspapier vorstellte und zu Vorschlägen für die 2 plus 4 Konferenzen verdichtete, tönte es aus der CSU: »Die SPD-Vorschläge sind verantwortungslos.« Und: »Die SPD sollte endlich ihre falschen Vorstellungen von atomwaffenfreien Zonen korrigieren...« (CSU-Pressemitteilung Nr. 226, 20. Juni 1990.) Bei ihren Gesprächen im Kaukasus haben sich Bundeskanzler Kohl und Staatspräsident Gorbatschow auf mehrere Punkte geeinigt, die den Anregungen der SPD entsprechen. De facto wird die DDR zu einer atomwaffenfreien Zone, wird der Wehrdienst, über dessen Verlängerung man noch im Frühjahr nachdachte, verkürzt und die Personalstärke des zukünftigen deutschen Heeres auf 370 000 Menschen begrenzt.

Die Akteure der Sicherheitspolitik

Die Kardinalfrage der aktuellen Politik muß geklärt werden, nämlich wer die Entwicklung der europäischen Sicherheit organisieren kann.

Noch vor einem Jahr schien die Antwort auf diese Frage klar und eindeutig zu sein. Nato und Warschauer Pakt steckten die Grenzen dafür ab, was in der Sicherheitspolitik möglich und notwendig war. Verhandlungen, die die beiden Weltmächte direkt betreffen, wie die über strategische Raketen, wurden zwischen diesen Partnern auch direkt geführt – mit mehr oder weniger Rücksicht auf die Verbündeten. Für die Abrüstung selbst bedeutete diese Hierarchie aller Beteiligten, daß schon *vor* Beginn der Verhandlungen Wünsche der Bündnisländer in die Ziele der Supermächte integriert waren. In Zukunft – so ist zu vermuten, muß diese einheitliche Willensbildung am Verhandlungstisch selbst erarbeitet werden – was das gesamte Procedere nicht gerade erleichtern dürfte.

Darüber hinaus ist zu fragen, ob der faktische Verfall des Warschauer Pakts die Nato als kollektives westliches Sicherheitssystem gänzlich unberührt läßt oder lassen sollte. Die Existenz des einen Bündnisses legitimierte bislang die des anderen. Hat Michail Gorbatschow, als er den allmählichen Zerfall des Warschauer Pakts zuließ, nicht auch den Zerfall der Nato mit eingeleitet?

Dagegen muß man zweierlei einwenden. Erstens: Solange die Sowjetunion als handlungsfähige Einheit über ein Militärpotential verfügt, das von keiner anderen Nation in Europa auch nur entfernt erreicht wird, gibt es keine militärische Sicherung auf nationaler Ebene, die finanzierbar wäre. Zweitens: In der Nato muß abgestimmt werden, und diese Tatsache wirkt auf die ihr angehörenden Länder befriedend nach innen, mit anderen Worten: Es herrscht das Konsensprinzip. Die Rechtsform der Nato gewährleistet, daß die Stimme des kleinen Landes Luxemburg genausoviel zählt wie die Stimme der Vereinigten Staaten. Ich halte dies für eine große zivilisatorische Leistung. Es ist sicher auch kein Zufall, daß militärisches Eingreifen eines westlichen Landes immer aufgrund einer Einzelentscheidung geschah. Weder der

Krieg um die Falkland-Inseln, noch die Strafaktion gegen Libyen oder die amerikanische Intervention in Grenada waren Ausdruck und Ergebnis einer gemeinsamen Willensbildung innerhalb der Nato.

Ein Austritt der Deutschen aus der Nato würde den Zerfall des Bündnisses beschleunigen. Zunächst forderte die Sowjetunion diesen Schritt als Preis für die deutsche Einheit und – damit verbunden – dafür auf alle Vorbehaltsrechte der Siegermächte des Zweiten Weltkriegs zu verzichten. Diese Vorbehaltsrechte konnten nicht gegen die Stimme der Sowjetunion aufgekündigt werden. Das sowjetische Junktim zwischen Aufkündigung der Vorbehaltsrechte und dem Austritt der Deutschen aus der Nato war psychologisch verständlich, aber objektiv betrachtet nicht einmal im Interesse der Sowjetunion. Nach dem Parteitag der KPdSU und nach den Beschlüssen der Nato in London hat sich diese Einsicht auch in der sowjetischen Führung durchgesetzt. Die Sowjetunion sollte ihre jetzige Chance nutzen, für die vor uns liegende Übergangszeit an der Strategie der Nato selbst mitzuwirken. Wenn sogar Nato-Generalsekretär Manfred Wörner den von Sozialdemokraten geprägten Begriff »Sicherheitspartnerschaft« in den Mund nimmt, so zeigt dies, daß auch in der Nato umgedacht wird. Mit der Akkreditierung von Botschaftern der Sowjetunion und Ungarns bei der Nato in Belgien ist ein erster, bescheidener Schritt getan.

Der Nato-Vertrag vom 4. April 1949 und der Warschauer Vertrag vom 14. Mai 1955 stimmen in weiten Teilen überein. Beide Vertragssysteme sehen den Beitritt anderer europäischer Staaten ausdrücklich vor. Beide Verträge verpflichten die Teilnehmerstaaten auf die Grundlage der UNO-Satzung für die Festigung des Friedens und der Sicherheit. Beide Verträge verpflichten ihre

Mitglieder, im Falle eines Angriffs gegen einen Mitgliedstaat in Übereinstimmung mit Artikel 51 der UNO-Satzung »diesem Staat Beistand zu leisten« mit allen Mitteln die ihnen erforderlich erscheinen.
Was spricht eigentlich dagegen, im Zuge der Demokratisierung Osteuropas und der Herausbildung einer Ost- und Westeuropa gleichermaßen umfassenden Wertegemeinschaft die Nato und die Staaten des Warschauer Pakts zusammenzuführen und mit der radikalen Abrüstung ernst zu machen? Eine der Kernfragen wird sein, ob der Oberbefehl über die integrierten Streitkräfte statuarisch festgelegt wird, oder ob diese Frage gelöst wird in Verhandlungen der freien und gleichen Bündnismitglieder. Zugleich aber stellte sich die Frage, wie groß die Streitkräfte in Europa noch sein dürfen, die unter nationalem Oberbefehl stehen. Die obere Grenze der nationalen Streitkräfte müßte sicher unterhalb der Zahl der integrierten Streitkräfte liegen. Eine von der SPD geführte Bundesregierung wäre bereit, nach Artikel 24 des Grundgesetzes diese Begrenzung der nationalen Souveränität hinzunehmen.
Der Weg einer militärischen Integration der Staaten, die früher feindseligen Bündnissen angehörten, liegt noch in weiter Ferne: Er ist die logische Konsequenz des wirtschaftlichen, staatsrechtlichen und kulturellen Zusammenwachsens der Gesellschaft in Europa – einschließlich der Sowjetunion. Dieser Weg erfordert einen behutsamen Umgang mit den psychologischen Hemmnissen der beteiligten Regierungen und der beteiligten Völker. Denn manch einem unserer ehemaligen Nachbarn mag es schwerfallen, in Deutschland, das sie doch als Anstifter zweier Kriege kennengelernt haben, plötzlich einen Friedensstifter zu sehen. Ich schlug in diesem Zu-

sammenhang vor, eine deutsch-polnische Brigade zu bilden – ähnlich der deutsch-französischen Brigade. Dieser Vorschlag stieß auf positive Resonanz in Polen. Die Bundesregierung hingegen verhielt sich etwas rat- und dementsprechend sprachlos.

In einer Rede vor dem deutschen Bundestag forderte Antje Vollmer die Deutschen auf, es nicht beim Sieg im Kalten Krieg zu belassen. Sie zitierte Hans Magnus Enzensberger. Der hatte kürzlich gesagt, die wahren Helden unserer Zeit seien nicht die, die Kriege gewinnen, sondern die, die den Rückzug organisieren würden, sie seien die Helden des Rückzugs. Dem Westen und insbesondere der Bundesregierung wirft Antje Vollmer vor, daß er das aufgelassene Terrain in alter strategischer Manier zugleich zu besetzen versuche – wenn auch nicht militärisch so doch mit Wirtschaftsfachleuten, Rechtskundigen und Beratern. Sicherlich ist Antje Vollmer zuzustimmen, daß im Westen das »neue Denken« noch nicht genug im Bewußtsein verankert ist. Das neue Denken des Michail Gorbatschow bedeutet eben, das, was im alten Denken als Machtverlust wahrgenommen wird, kann zugleich ein Zugewinn an Freiheit sein. Aber auch Antje Vollmer tut sich schwer mit dem Gedanken, daß auseinanderrückende Armeen und ein immer stärker verblassendes Feindbild, also die Eindämmung von Konfliktpotentialen, nur ein notwendiger Schritt auf dem Wege sind, die Sicherheitspolitik aus den Fesseln der herkömmlichen militärischen Denkmuster zu befreien, um danach durch Integration der Streitmächte »menschliche Nähe« organisieren zu können.

Bis eine solche oder eine ähnliche Lösung angestrebt werden kann, die allerdings nationale Grundstimmungen berücksichtigen muß, kommt es darauf an, nach kurzfristigen Lösungen zu suchen, die langfristige Lösungen nicht verbauen. Insbesondere die Vereinigung der beiden deutschen Staaten wirft neue sicherheitspolitische Probleme auf. Hier vereinigen sich zwei Staaten, die bisher unterschiedlichen und gegeneinander gerichteten Paktsystemen angehörten. Die Verabredungen zwischen Staatspräsident Gorbatschow und Bundeskanzler Kohl bei dessen Reise im Juli nach dem KPdSU-Parteitag räumten viele Steine aus dem Weg. Die Bundesregierung war – zu recht – bereit, einen Preis für die staatsrechtliche Einheit Deutschlands zu zahlen. Während man vor den Gesprächen im Kaukasus noch insistierte, daß eine Höchstgrenze der gesamtdeutschen Truppen erst in den Verhandlungen über eine Begrenzung der konventionellen Waffen in Genf getroffen werden könnte, brachte Kohl diese Höchstgrenze als Morgengabe in die Gespräche ein. Auch eine Ausweitung der finanziellen und wirtschaftlichen Beziehungen der beiden Staaten ist richtig.

Die Anerkennung der polnischen Westgrenze wird von der Bundesregierung als ein Preis empfunden, der für die deutsche Vereinigung gezahlt werden muß. Es ist diese Politik des »Schacherns um die deutsche Vereinigung«, die mich – trotz der weitgehend einvernehmlichen Gespräche im Kaukasus – nicht ohne Mißtrauen bleiben läßt. Eine Friedenspolitik nach dem Modus des »Geben und Nehmens« ist nach der staatsrechtlichen Vereinigung der Deutschen am Ende. Wie dann weiter verfahren wird, und ob wir die Größe haben, der Sowjetunion den Weg in die europäische Zivilisation zu ebnen, auch dann, wenn es nicht mehr um einen Tauschhandel geht, ist eine der entscheidenden Fragen der Zukunft. Eine andere Frage ist, ob der Nato eine Reform der inneren Bündnisstrukturen gelingt.

Eine den Frieden stabilisierende Nato-Integration der DDR kann ohne einen Wandel dieses Bündnisses nicht vonstatten gehen. Es ist die Rede davon, daß die Nato von einem militärischen Bündnis zu einem politischen Bündnis werden könnte, ohne daß es eine deutliche Vorstellung davon gibt, was das denn eigentlich heißt. Aber auch wenn die Nato sich in ein vorwiegend politisches Bündnis verwandelt, muß militärische Sicherheit organisierbar bleiben.

Die Perspektive der Renationalisierung der Sicherheitspolitik scheint mir keine hoffnungsvolle Perspektive zu sein. Wir müssen vielmehr einen Weg finden, die militärische Integration der Nato zu erhalten, ohne daß die Sowjetunion sich davon bedroht fühlt. Die militärische Integration der Nato darf sich keinesfalls gegen Nicht-Mitglieder richten. Dann aber ist es nur folgerichtig, daß die Teilhabe an dieser Integration ohne zwingende Gründe niemandem versagt werden kann. Die ideologischen Begriffe »West« und »Ost« müssen zu geographischen Begriffen werden.

Für die schwierige Übergangszeit müssen Schritte eingeleitet werden, die folgenden Kriterien genügen:
1. Das Kriterium der Akzeptanz: Alle Schritte müssen für alle Verhandlungspartner akzeptabel sein, ohne daß Druck ausgeübt wird.
2. Das Kriterium der Legitimität: Alle Schritte müssen für die beteiligten Völker in ihrer Substanz inhaltlich nachvollziehbar und akzeptabel sein.
3. Das Kriterium der Offenheit: Durch die Lösung der kurzfristigen Probleme darf eine Lösung der langfristigen Probleme nicht verbaut werden.
4. Das Kriterium der Fairneß: Die nationalstaatlichen Rechte, die ein Land aufgibt, müssen in einem ange-

messenen Verhältnis zu den kollektiven Rechten stehen, die es erwirbt.
Der Verzicht der Bundesrepublik auf nukleare und chemische Waffen bleibt bestehen, er muß durch Maßnahmen kollektiver Sicherheit ergänzt werden.

Der Aufbau eines europäischen Sicherheitssystems

Der Aufbau eines europäischen Sicherheitssystems ist keine völlig neue Aufgabe. Europa kann an bisherige Entwicklungen der sicherheitspolitischen Zusammenarbeit von Ost und West – zwischen den Bündnissen wie im KSZE-Rahmen – anknüpfen. Dazu gehören:
- Die Ergebnisse der Stockholmer Konferenz für Vertrauensbildung, mit denen Ost und West die Gefahr von Überraschungsangriffen vermindert und Transparenz für militärische Aktivitäten eingeführt haben;
- der INF-Vertrag, der über die Abrüstung hinaus ein neues amerikanisch-sowjetisches Verhältnis in Nuklearfragen eingeleitet und beide Länder sowie Nato und Warschauer Pakt für internationale Kontrollen geöffnet hat;
- das Mandat für die Wiener Verhandlungen über konventionelle Abrüstung, das die Zustimmung beider Bündnisse zum Konzept der strukturellen Angriffsunfähigkeit sowie die Bereitschaft zum Abbau militärischer Asymmetrien enthält;
- das sowjetisch-amerikanische Einvernehmen bezüglich einer drastischen Reduzierung ihrer in Europa stationierten Truppen, durch das ein Einstieg in die Abrüstung auch der anderen in Europa vorhandenen Streitkräfte erleichtert wird;

- die auf dem Gipfeltreffen in Malta erreichte amerikanisch-sowjetische Verständigung darüber, daß beide Mächte füreinander nicht länger Gegner sind, und die sich abzeichnende Einigung bei den Staatsverhandlungen;
- die in den Vereinigten Staaten, Belgien und anderen Nato-Ländern stattfindende Diskussion über die Verringerung der außerhalb ihrer Grenzen stationierten Streitkräfte;
- die sowjetischen Vereinbarungen mit Ungarn, der ČSFR und Deutschland über den Abzug der sowjetischen Truppen;
- noch weiter entwickelt sind die Ebenen, auf denen Europa wirtschaftlich, politisch, rechtlich und kulturell zusammenwächst.
- die europäische Gemeinschaft entwickelt sich in zunehmendem Maße zum Kern einer gesamteuropäischen Zusammenarbeit. Alle europäischen Staaten, einschließlich der UdSSR, wünschen eine enge Kooperation mit der EG und sind zum Teil daran interessiert, Mitglieder zu werden. Die EG als europäisch-politische Union – wie sie von uns angestrebt wird – wäre die Basis, auf der die Vereinigten Staaten von Europa geschaffen werden könnten. Ihnen käme für eine europäische Friedensordnung eine den Bereich der militärischen Sicherheit weit überschreitende grundsätzliche politische Bedeutung zu.

Dabei müßte gelten: Auf lange Sicht sollte keinem europäischen Land der Beitritt verwehrt werden, sofern es glaubwürdig versichert, die Vertragsgrundlagen einzuhalten. Dabei ist zu berücksichtigen, daß die Organisationsfähigkeit der europäischen Gemeinschaft erhalten bleibt.

– Der Europarat wird zu einer gesamteuropäischen Institution ausgeweitet.
– Die Staaten Mittel- und Osteuropas akzeptieren die KSZE-Bestimmungen zu den Menschenrechten nicht nur. Sie sind inzwischen dabei, sie auch innerstaatlich durchzusetzen. Freie und verbindliche Wahlen schaffen einen grundlegenden Wandel. Sie sind der Hintergrund, vor dem ein einheitlicher europäischer Rechtsraum entsteht.

Die militärpolitischen Konsequenzen

Auf dem Weg zu einem europäischen Sicherheitssystem müssen Sowjetunion und Nato ihre militärischen Strategien und Doktrinen ändern und den neuen Gegebenheiten in Europa anpassen. Die Londoner Beschlüsse der Nato sind unzureichend. Derzeit bestimmen Einsichten und Mutmaßungen über die Strategien des potentiellen Gegners, wie die eigenen Strategien gestaltet werden. Für die Übergangszeit müssen gemeinsame Sicherheitsnormen ausgehandelt werden, in die die Sicherheitsnormen der Einzelstaaten einbezogen sind. Die Verteidigungsfähigkeit beider Seiten muß aufrechterhalten, ein Angriff muß ausgeschlossen sein. Darüber hinaus müssen beide Seiten stets zu blockübergreifender Kooperation fähig sein. All diese Bedingungen setzen weitere einschneidende Reduzierungen der Streitkräfte voraus.

Dem Verlust der militärisch-politischen Funktion des Warschauer Pakts muß ein Funktionswandel der Nato folgen. Alle aus der Ost-West-Konfrontation hervorgegangenen Strategien und waffentechnischen Arrangements müssen unter dem Gesichtspunkt der Sicherheitspartnerschaft neu überdacht werden. Die bisherigen Strategien der Vorneverteidigung, der »flexible response« und des nuklearen Ersteinsatzes sollten abgelöst, die entsprechenden Einrichtungen beseitigt und der Auftrag der Streitkräfte geändert werden. Da die UdSSR ihr strategisches Vorfeld in Mitteleuropa verloren hat, ist sie auch nicht mehr in der Lage, irgendein Nato-Land überraschend zu besetzen. Alle Operationen und Waffensysteme, die für diesen Fall der Fälle ausgelegt waren, verlieren ihre militärische Funktion. Insbesondere gilt dies für nukleare Kurzstrecken- und Gefechtsfeldwaffen. Auf sie kann sofort verzichtet werden. Und dies gilt auch für luftgestützte nukleare Abstandswaffen. Alle nuklearen und chemischen Waffen können ohne Einbußen für die nationale Sicherheit aus Deutschland abgezogen werden.

Ich leugne keineswegs, daß die UdSSR wegen ihrer strategischen Raketen auf absehbare Zeit noch in der Lage sein wird, die komplexe Infrastruktur der westlichen Industrienationen zu zerstören. Diesem Risiko kann aber nicht mit militärischem Präventivdenken begegnet werden. Eine rein technische Lösung des Problems, wie sie Ronald Reagan mit seinem SDI-Projekt vorgehabt hatte, steht nicht in Aussicht.

Die Startverhandlungen zwischen den USA und der UdSSR kommen mühsam voran. Während ursprünglich eine Abrüstung der strategischen Systeme auf 50 Prozent angepeilt wurde, sieht es inzwischen so aus, als sollten die strategischen Waffenarsenale um 30 Prozent verringert werden. Aber sogar wenn alle nuklearen strategischen Systeme verschrottet würden, wäre damit nur eine trügerische Sicherheit erreicht. Wie bereits gesagt: Für die Menschen ist es letzten Endes gleichgültig, ob eine konventionelle Rakete auf ein Kernkraftwerk abgefeuert wird oder eine atomare Rakete ein Kohlekraftwerk zerstört. Das existentielle Risiko läßt sich militärisch nicht beseitigen.

Die Abschreckungsstrategie ist wirksam, weil man davon ausgeht, daß der potentielle Gegner überleben will. Geht man nicht davon aus, fehlt der strategischen Rückschlagsfähigkeit jede Plausibilität. Angstbesetzte Fixierung allein auf das eigene Überleben ist eine überholte Art des Denkens. Mehr Sicherheit gewinnen wir nur, wenn alle Weichen auf Integration gestellt werden, wenn die sozialen, wirtschaftlichen und kulturellen Beziehungen so gestaltet werden, daß ein zivilisiertes Überleben aller auch im Interesse aller ist. Deshalb kommt der wirtschaftlichen Zusammenarbeit über die alten Bündnisgrenzen hinaus immer größeres Gewicht zu.

Bislang sind die Warschauer-Pakt-Staaten in unterschiedlichem Maße bereit, sich der internationalen Arbeitsteilung anzuschließen. Wirtschaftliche Autarkie auf nationaler Ebene ist für die meisten Länder genauso unerschwinglich und sinnlos wie die militärische. Angesichts der politischen Entwicklung wird die beschränkte Weitergabe auch militärisch nutzbarer Technologien im bisherigen Umfang immer mehr zu einer wirtschaftlichen und immer weniger zu einer sicherheitstechnischen Frage.

Die Mitgliedstaaten der Europäischen Gemeinschaft sind lang schon nicht mehr wirtschaftlich autark. Wenn die einzelnen Staaten ihre wirtschaftliche und soziale Qualität behalten wollen, sind sie ohne Einschränkung darauf angewiesen, ihre Interessen abzustimmen. Die eher spontane Abstimmung der Regierungen wird in der Europäischen Gemeinschaft Zug um Zug auf Systemebene stabilisiert. Der europäische Binnenmarkt wird zum 1. Januar 1993 eingerichtet. Eine europäische Währungsunion wird folgen. Das System der Gesetze bildet eine Mechanik, die die Interessengegensätze im Grundsatz aufhebt. Kein Land kann einem anderen mehr schaden, ohne sich selbst Schaden zuzufügen.

Ich habe zu Beginn dieses Kapitels Immanuel Kant zitiert, der über die Mechanik einer Staatsverfassung schrieb. Die Europäische Gemeinschaft ist sicherlich kein ideales Modell, aber sie ist eine brauchbare Einrichtung.

Andere Einrichtungen europäischer Sicherheitspolitik

Verschiedene andere Bündnisse und Konferenzen können mit der Perspektive auf ein europäisches Sicherheitssystem wiederbelebt oder aufgewertet werden. Dazu zählt die Westeuropäische Union – WEU – und insbesondere die Konferenz für Sicherheit und Zusammenarbeit in Europa – KSZE. Es ist die Frage, welchen Anteil die Vereinigten Staaten an der Sicherung der europäischen Staaten haben und wer sich zu *Europa* zählen kann. Konkret: Welche Rolle sollen die beiden Supermächte in der Perspektive einer europäischen Sicherheitspolitik, ja einer Einigung Europas spielen?

Wer den KSZE-Prozeß als zentrale Struktur der europäischen Einigung versteht, hat beide Supermächte mit im Boot. Der bisherige Verlauf der KSZE-Konferenzen läßt allerdings nicht erwarten, daß mit ihrer Hilfe eine militärische Integration Europas zu leisten ist. Noch einmal: Eine militärische Integration Europas würde bedeuten, daß es »gemischte« Heere unter wechselndem Oberbefehl gäbe – nach Art der deutsch-französischen Brigaden. Die Interessenvielfalt der immerhin 35 europäischen KSZE-Staaten, Amerikas und Kanadas wird wohl schwer zu einer verbindlichen sicherheitspolitischen Zusammenarbeit zu vereinen sein. Aber der kleinste gemeinsame Nenner wäre auch schon ein Gewinn. Es ist darüber hinaus fraglich, ob Amerika sich mit einer Rolle als Gleicher unter Gleichen abfinden würde. Ebenso fraglich ist es, ob die Nuklearmächte in West und Ost ihre nuklearen Streitkräfte unter einem europäischen Oberbefehl oder einem Oberbefehl, der sich aus der KSZE ergibt, akzeptieren würden.

Frankreich hat es bislang abgelehnt, die Verantwortung für dieses nukleare Restrisiko zu übernehmen. Und das wird wohl so bleiben, solange die Nato in die Weltmachtinteressen und -aufgaben Amerikas eingebunden ist. Eine Stärkung des europäischen Pfeilers der Nato – konkret: eine Wiederbelebung der westeuropäischen Verteidigungsunion WEU – wäre vielleicht ein gangbarer Weg, auf dem schon vorhandene Systeme weiterentwickelt und geöffnet werden könnten. An einem europäischen Sicherheitssystem könnte die WEU beteiligt sein, und zwar mit einer Stimme. Eine glaubwürdige Option Westeuropas als Sicherheitsangebot würde die Lage weiter entspannen. Bislang läßt nichts darauf schließen, daß die Sowjetunion ablehnen würde.

Als Träger einer solchen westeuropäischen Organisation scheint nun, nachdem das Feindbild im Osten verblaßt ist, mittelfristig nur die Europäische Gemeinschaft in Frage zu kommen. Einzig sie hat einen solchen Feind nicht nötig, hat auf ihrem Weg zur weiteren politischen Union eine gleichsam natürliche Berufung zur Wahrnehmung auch der gemeinschaftlichen Sicherheitsinteressen. Nur in der EG kann geleistet werden, was auch von der Sache her geboten ist: der interne politische Ausgleich zwischen gemeinschaftlichen Sicherheits-, Wirtschafts- und Sozialinteressen. Die EG-Regeln mit ihren Möglichkeiten zur gerechten Entscheidungsfindung und ihrer Solidaritätspflicht setzen dafür den richtigen Rahmen.

An welche bestehenden europäischen Institutionen wir auch immer anzuknüpfen versuchen, an einer zentralen politischen Weichenstellung kommen wir nicht vorbei: Soll ein europäisches Sicherheitssystem primär die Aufgabe haben, Konflikte zu vermeiden? Wenn ja, müßte an erster Stelle die wirtschaftliche und politische Integration stehen. Soll ihr darüber hinaus die Aufgabe zukommen, den Konfliktaustrag militärisch zu zivilisieren? Neben der politischen und wirtschaftlichen Zusammenarbeit würde das eine Abstimmung der Verteidigungsstrategien der europäischen Länder erfordern. Oder soll das europäische Verteidigungssystem – das anspruchsvollste Ziel – ein Instrument der Konfliktlösung sein? Das würde eine vergleichsweise hohe militärische Integration erfordern, weit über das hinausgehend, was hier schon erörtert wurde. Ohne diese Integration wäre ein solches kollektives Sicherheitssystem ebenso zum Scheitern verurteilt wie der Völkerbund und die UNO. Wir brauchen nicht nur europäische Kommissionen, wir brauchen auch europäische Divisionen.

Ganz ohne Zweifel ist der dritte Ansatz der anspruchsvollste, aber wer ihn durchsetzen will, muß auch mit den meisten Widerständen rechnen. Der Wunsch der Deutschen, in Frieden zu leben und, womöglich, Frieden zu stiften, rechtfertigt eine große Anstrengung. Die zukünftig wahrscheinlich asynchron verlaufende Entwicklung kompliziert die Lage weiterhin. Die staatsrechtliche Vereinigung der Deutschen wird sich schneller vollziehen, als der Ausbau der europäischen Sicherheitssysteme. Deshalb ist es sinnvoll, alle Verhandlungsebenen und alle Verhandlungsoptionen zu entwickeln mit dem Ziel, im Detail Fortschritte zu erzielen, ohne die großen Lösungen zu verbauen. »Jeder lange Marsch beginnt mit einem ersten Schritt.« (Mao Tse Tung.)

III. Die »Aufhebung« des Nationalstaats

Das Ganze, so sagt man, sei mehr als die Summe seiner Teile. Erst wenn die unterschiedlichen Bauelemente nach einem Konstruktionsplan oder nach Erfahrungswerten zusammengesetzt sind, entsteht daraus ein Haus. Europa, in einem politischen und nicht in einem geographischen Sinn gemeint, bezeichnet mehr als das bloße Nebeneinander vieler Länder, die von einer gemeinsamen Grenze umschlossen sind.

Ich habe im vorherigen Kapitel vorgeschlagen, zu einer militärisch integrierten Sicherheitspolitik mit vermischten Heeresstrukturen voranzuschreiten. Auch hier bedeutet das Ganze mehr als die Summe aller Teile. In dieser Zusammenfügung zu einem Ganzen liegt praktisch der Frieden stiftende Sinn der Operation.

Sicherlich bedeutet die Zuweisung einer gemeinsamen Aufgabe an Soldaten verschiedener Länder ein Stück Absage an den Nationalstaat traditioneller Prägung. Daß heute dennoch in vielen Ländern mehr oder weniger laut darüber nachgedacht wird, zeigt, daß die Menschen die Unzulänglichkeiten des herkömmlichen Nationalstaats mit zunehmender Schärfe erkennen. Das ungeheure Vernichtungspotential der modernen Waffensysteme, das Leben und Lebensqualität der gesamten Menschheit bedroht, hat die Idee vom Nationalstaat ausgehöhlt. Menschen, denen sogar in Friedenszeiten ständig globale Vernichtung droht, stellt sich unweigerlich die Frage, ob ein soziales Bewußtsein, das nur dem eigenen Staat gilt, der gesellschaftlichen Realität noch entspricht. Es ist ja evident, daß die zwischenstaatlichen Beziehungen im Zeitalter der atomaren Abschreckung und des Overkills anders organisiert werden müssen, als sie es im Zeitalter der Muskete waren.

Ursprünglich war der Nationalstaat getragen von dem Gedanken innerer und äußerer Souveränität. Souveränität nach innen meint, daß innerhalb der Staatsgrenzen die gesellschaftlichen Beziehungen von einem Geflecht nationaler Gesetze geordnet werden und daß der Staat die Einhaltung dieser Gesetze garantiert. Souveränität nach außen bedeutet, daß der Staat in der Lage ist, seine Sicherheit eigenständig zu organisieren und seine Bürger vor eventuellen Übergriffen anderer Staaten auf das nationale Territorium zu schützen. Aber, von der Sowjetunion einmal abgesehen, und auch hier ist ein Fragezeichen angebracht, ist kein europäisches Land dazu imstande. Selbst die Sowjetunion würde in einer bewaffneten Auseinandersetzung soviel Schaden nehmen, daß von Sicherheit kaum noch die Rede sein kann. Auch die Autonomie der Nuklearmächte Frankreich und Großbritannien ist begrenzt. Die Tatsache, daß Sicherheit auf nationaler Ebene allein nicht mehr garantiert werden kann, hat die Staaten in den letzten Jahren dazu bewogen, von einer Souveränität Abschied zu nehmen, die sich immer mehr als Fiktion entpuppt, und ihr Heil nicht mehr in der Eigenständigkeit, sondern in der Partnerschaft zu suchen. Diesen Weg gilt es jetzt konsequent weiter zu gehen: von der Sicherheitspartnerschaft zu einem integrierten Sicherheitssystem.

Auch die wirtschaftliche Eigenständigkeit der westlichen Nationalstaaten ist in Wirklichkeit längst bloßer Schein. Am 1. Januar 1993 wird der europäische Binnenmarkt eingeführt – ein wichtiges Datum, das von den Ereignissen um die deutsche Vereinigung aus den Schlagzeilen verdrängt wurde. Aber selbst dieser erweiterte Rahmen wird noch zu eng sein für das freie Spiel der wirtschaftlichen Kräfte. Die staatliche Wirtschaftspolitik ist auch deshalb so ineffizient, weil ihre nationale Entscheidungsebene nicht mehr übereinstimmt mit der internationalen Ebene der wirtschaftlichen Entscheidungen. Eine starke Position innerhalb der Bundesregierung hat nicht der Wirtschaftsminister, sondern der Finanzminister.

Die großen Konzerne sind transnational verflochten, die Kapitalmächte international organisiert. Deshalb gehört auch das hohe amerikanische Haushaltsdefizit zu den Grundkonstellationen nationaler und europäischer Wirtschafts- und Finanzpolitik. 80 Prozent der für Deutschland wirtschaftlich wichtigen Gesetze entstehen in Brüssel. Die horizontale und vertikale Integration der europäischen Arbeitsteilung nimmt zu. Die Firma Daimler Benz zum Beispiel hat mehr als 200 000 Zulieferbetriebe – viele davon sind ausländische Anbieter. Der Airbus ist ein europäisches Produkt. Die Luft- und Raumfahrtindustrie kann nur europäisch aufgebaut werden. Eine konkurrenzfähige Informationstechnologie kann ebenfalls nur in europäischer Zusammenarbeit entwickelt werden. Der Internationalisierung der Wirtschaft folgt also die Internationalisierung der wirtschaftspolitischen Institutionen auf dem Fuße. So wird der Spielraum für nationale Entscheidungen in der Wirtschaftspolitik enger und enger, die nationalstaatliche Souveränität in ökonomischen Belangen immer stärker beschnitten.

Auch die ökologische Sicherheit eines Staats ist auf nationaler Ebene allein nicht mehr zu leisten. Spätestens seit der Havarie des Atomreaktors in Tschernobyl wissen wir, daß regionale Katastrophen einen ganzen Kontinent in Mitleidenschaft ziehen können. Regionale Katastrophen mit globaler Wirkung, das ist eine neue Dimension. Selbstverständlich haben auch Pest und Cholera Nationalstaatsgrenzen nicht respektiert. Seuchen folgen Menschen, nicht Zollgesetzen. Das ist heute bei Aids nicht anders. Und kein Staat der Welt wird seine Bürger davor schützen können, sich anzustecken. Tschernobyl aber war ein anderer Fall: Nicht Menschen trugen den radioaktiven Fall-out über alle Grenzen, sondern der Wind. Gegen eine solche Art von »Invasionsschäden« ist nationale Sicherheit unmöglich.

Die Vernichtung des brasilianischen Regenwalds bedroht weltweit das Klimagleichgewicht. Global verbindliche Absprachen zur Vermeidung von Umweltschäden sind inzwischen ebenso dringlich geworden wie Absprachen über eine atomare Abrüstung. Die Möglichkeiten der Nationalstaaten, in souveräner Entscheidung ökologische Risiken auszuschalten, sind begrenzt.

Selbst die soziale Sicherheit der Bürger kann auf nationalstaatlicher Ebene nur noch in begrenztem Maß organisiert werden. Damit haben gerade wir Deutschen in den letzten Monaten unsere Erfahrung gemacht. Die Öffnung der Grenze zwischen Ungarn und Österreich hatte einen Flüchtlingsstrom zur Folge, der in der Bundesrepublik die kommunalen Selbstverwaltungen bis an den Rand eines Zusammenbruchs führte. Ein großes, wenn nicht gar das größte Problem der nächsten Jahrzehnte wird die Flucht der Menschen in Asien und in Afrika vor Hunger und Armut sein. Kein einziges Land in Europa ist allein dazu in der Lage, dieses Problem wirksam anzugehen. Das Problem aber wird deshalb nicht kleiner.

Schon die kurze Skizzierung all dieser Problemfelder zeigt, daß der Nationalstaat mit den Herausforderungen der Zukunft überfordert ist. Nur selten stimmen die Legitimationsräume politischer Entscheidungen noch mit den eigentlichen Problemfeldern überein. Wenn Probleme regionalen Ursprungs globale Folgen haben, dann ist, wie es der amerikanische Soziologe Daniel Bell einmal formuliert hat, »der Nationalstaat... für die großen Probleme zu klein und für die kleinen Probleme zu groß«.

Die Welt als Ganzes wächst zusammen. Dieser Spruch ist inzwischen in aller Munde, und er meint nicht nur, daß man heute innerhalb von 24 Stunden jeden Punkt der Welt erreichen kann. Wir messen Entfernungen nach Zeit, nicht nach Kilometern. Eine Fahrt über den Atlantischen Ozean mit einem normalen Schiff dauerte in den 20er Jahren immerhin noch 14 Tage. Heute kann man von Frankfurt nach New York in sechs Stunden fliegen. Aber, wie gesagt, die Redensart von der zusammenwachsenden Welt weist auch darauf hin, daß Lebensformen und Arbeitsmethoden, Städtebau und seine Probleme und auch die Verkehrsinfarkte in den Metropolen einander immer ähnlicher werden.

Seit dem neunzehnten Jahrhundert hat der in Europa begonnene Siegeszug der naturwissenschaftlich gestützten Technik die Welt stärker verändert, als alle anderen Kräfte. Der Siegeszug der Naturwissenschaften und der auf ihnen basierenden Technik einschließlich der industriellen Verarbeitungsformen prägt den Alltag in Australien und in Texas. In Hamburg und in Boston. Er verändert aber nicht nur das äußere Leben, er prägt die Menschen, auch innerlich.

Die weltweite Verbreitung der Uhr hat die Art und Weise, wie wir Zeit wahrnehmen, aufs tiefste verändert, sie hat sie mechanisiert. Sie hat die Menschen aber auch diszipliniert und auf den mechanischen Produktionsprozeß eingestellt. Schon vor Jahren ist mir aufgefallen, daß Menschen sogar im Alltag die Frage nach der Uhrzeit sehr exakt beantworten. Sie geben sie mit 11.17 Uhr oder 11.15 Uhr oder 11.45 Uhr an, nicht mit kurz nach 11 oder viertel nach 11 oder viertel vor 12 wie früher. Des Rätsels Lösung ist einfach: Vor einigen Jahren, in der »Frühzeit der Quarzuhr«, gab es plötzlich mehr digitale als analoge Uhren. Auf den digitalen Uhren konnte man die Uhrzeit sofort in Ziffern ablesen. Meist wohl unbewußt veränderten die Menschen ihre Sprachgewohnheiten.

Die weite Verbreitung des Automobils als individuelles Verkehrsmittel hat den Menschen eine Disziplin beigebracht, die ohne das Auto nur mit diktatorischer Strenge hätte durchgesetzt werden können. Von wenigen Ausnahmen abgesehen stimmen die Verkehrsregeln in der ganzen Welt überein – auch wenn in einigen Ländern Rechtsfahrgebot, in anderen Linksfahrgebot besteht. In vielen Bereichen des Alltags hat die technische Gefährdung, bzw. Vorkehrungen gegen technische Gefährdungen zu einer Dämpfung der Affekte geführt.

Die Naturwissenschaften in Europa waren seit Beginn der Neuzeit »international«. Über viele Jahrhunderte wurden sie in lateinischer Sprache beschrieben, die eine Verständigung über die Grenzen hinaus erlaubte. Die wenigen Versuche, naturwissenschaftliche Arbeit zu nationalisieren, sind gescheitert. Denken wir doch nur an die deutsche Physik, die von den Nationalsozialisten in den Status einer Weltanschauung überführt werden sollte. Mit dem Siegeszug der Naturwissenschaften ging eine begrenzte Standardisierung des Verhaltens einher.

Heute wird der Globus von einem Netz moderner Telekommunikation umspannt. In einer vernetzten Welt gibt es keine »Inseln der Unschuld« mehr. Auf den Bildschirmen in Tokio läßt sich das Geschehen in New York verfolgen. Die Bilder von westlichem Wohlstand, die allabendlich in die Wohnstuben der DDR ausgestrahlt wurden, hatten mehr Aussage- und Überzeugungskraft als die Propagandaparolen des »Neuen Deutschland«. Sie wirkten auf die Dauer wie eine politische Zeitbombe.

Eines scheint mir nach dem hier Gesagten gewiß: Für den Menschen, dessen anthropologische Konstante die Befähigung zur Kultur und damit zur Geschichte ist, gibt es keine naturgegebene staatliche Heimat. Der Nationalstaat ist ein Kulturprodukt und kein Ergebnis der Natur. Er ist damit Veränderungen ausgesetzt.

Schon 1931 hatte Karl Jaspers in »Die geistige Situation der Zeit« darauf hingewiesen, daß eine weltweite industriell geprägte Zivilisation Arbeits- und Lebensformen der Menschen einander immer stärker annähert und daß dabei zwangsläufig immer mehr kulturelle Eigenarten verlorengehen. Was für Jaspers zum Teil noch Antizipation war, ist heute Wirklichkeit. In dem Maße, wie die wirtschaftliche Produktion überall den gleichen technischen Abläufen folgt, haben sich die Menschen angepaßt. Die weltweite Verbreitung der Uhr sorgte für eine ähnliche Revolution des Alltags wie die weltweite Verbreitung der Glühbirne. Die industrielle Entwicklung und die Dynamik des Weltmarkts haben – nicht nur in den Metropolen – gewachsene traditionelle Lebensformen zerstört und die Unterschiede zwischen den Menschen mehr und mehr auf meßbare Einkommens- und Konsumgrößen reduziert. Der »Industrialismus« hat die Kulturen eingeebnet, hat viele der früheren regionalen, beruflichen oder klassenspezifischen Eigenarten ausgelöscht – gleichsam eine Befreiung und Zerstörung zugleich. In einer »Studie über die anthropologische Revolution in Italien« hat Pier Paolo Pasolini 1979 diese Entwicklung scharf als »Konsumismus« kritisiert: »Der Konsumismus ist nichts anderes als eine Form des Totalitarismus, denn er totalisiert alles und treibt die Entfremdung bis zur äußersten Grenze der anthropologischen Degradierung...« Der moderne Regionalismus hat seine Wurzeln in einer solchen Kritik.

Gesellschaftliche Prozesse sind meist äußerst komplexe, mitunter sogar widersprüchliche Prozesse. Auch der »Konsumismus«, den ich als Befreiung und Zerstörung zugleich bezeichnet habe, ist nur eine der äußeren, schillernden Erscheinungsformen eines umfassenden sozialen Wandels, ein Prozeß der *Integration* und der *Individualisierung* zugleich, der, weil er sich langsam vollzieht, von den Menschen – den eigentlichen Akteuren – nur undeutlich wahrgenommen wird. Darauf hat auch Norbert Elias, dem ich hier folge, in einer 1987 veröffentlichten Schrift hingewiesen. Das Netzwerk der Interdependenzen zwischen den Staaten der Welt, so schreibt er, »verdichtete sich zusehends im Laufe des 20. Jahrhunderts. Die Menschen selbst aber nahmen das nur in sehr begrenztem Maße, nur sehr ungenau wahr. Sie waren nicht an das Denken in sozialen Prozessen gewöhnt. Kaum jemand sprach klar und deutlich von der rapide wachsenden Integration der Menschheit. Man sah sie selten als einen langfristig ungeplanten sozialen Prozeß. So vollzog sich die Verringerung der Distanzen, die zunehmende Integrierung gewissermaßen stillschweigend. Sie drängte sich noch nicht als ein globaler Integrationsprozeß der Erfahrung der Menschen auf.«

Auch wenn in den letzten Jahrzehnten die internationale Verflechtung und die weltweite Angleichung kultureller Normen in einem Tempo zugenommen haben, daß man in der Tat von einem integrativen Schub reden kann, so ist doch dieser Integrationsprozeß an sich nicht nur für die Moderne charakteristisch. Die menschliche Gesellschaft hat sich aus der Familiengemeinschaft – der ursprünglichen Zelle – über die Stammesgemeinschaft zu nationalen Staatsgemeinschaften entwickelt und durchläuft zur Zeit, so hat es den Anschein, eine weitere massive Integrationsphase, um nach und nach, über die nationalen Staatsgemeinschaften hinaus, in einer größeren transnationalen Ordnung aufzugehen. Die konservative Attitüde, die Geschichte an einem bestimmten Punkt ihrer Entwicklung einfach einzufrieren – etwa wenn es um die Zukunft des Nationalstaats geht, ist unrealistisch.

Die Prognose der europäischen Aufklärer war richtig: Vor mehr als 200 Jahren begannen sie, die Zukunft in universalen Kategorien zu denken. Die Geschichte der Moderne entpuppt sich als ein Weg der unterschiedlichen Gesellschaften in gegenseitige Abhängigkeit: Die Verflechtung aller Staaten miteinander ist im Verlauf der letzten zwei Jahrhunderte immer enger geworden. Schon jetzt ist der Nationalstaat überfordert, die Funktion einer Überlebenseinheit wirkungsvoll auszuüben – auch das zeigt sich an Tschernobyl. Augenfällig verlagert sich diese Funktion derzeit von der Ebene des Nationalstaats auf die Ebene postnationaler Staatenverbände, ja sogar darüber hinaus auf die globale Ebene der gesamten Menschheit. Der Schutz, den ein einzelner Staat zu gewährleisten noch in der Lage ist, reicht nicht mehr aus, das Wohlergehen seiner Bürger zu garantieren. Heute hängen die Überlebenschancen der Menschen, wo auch immer sie leben mögen, weitgehend davon ab, was sich auf globaler Ebene vollzieht. »Der mächtige Integrationsschub, der die Menschen in unseren Tagen erfaßt hat, begünstigt Überlebenseinheiten, die den Nationalstaaten an organisatorischen Integrationsstufen, an territorialer Ausdehnung, an Anzahl der zugehörigen Menschen und so auch an Größe des inneren Markts, an sozialem Kapital, an militärischen Potentialen und in vielen anderen Hinsichten überlegen sind... Der Entwicklungsdruck, besonders der technische, der wirtschaftliche und insgesamt der zwischenstaatliche Konkurrenzdruck, drängt die Integration der Menschen... über die Stufe der Nationalstaaten zur Bildung vereinigter Staaten hinaus.« (Norbert Elias)

Als politische Antwort auf diese Entwicklung in Richtung auf eine zukünftige Weltgesellschaft sind sicherlich mehrere Ansätze denkbar. Denn eine politische Antwort brauchen wir, wenn wir nicht in die mißliche Lage geraten wollen, daß sich dies alles hinter dem Rücken des einzelnen vollzieht. Die aussichtsreichste Variante scheint mir fürs erste die Einheit Europas zu sein – sei es in Form eines Bundesstaats, sei es in der Form eines Staatenbundes. Es ist an der Zeit. Immerhin haben die Vereinigten Staaten von Amerika eine solche Einheit schon vor 200 Jahren geschaffen.

Längst sind ja die institutionellen Voraussetzungen hierfür über den ersten Ansatz hinaus, im »Guten« wie im »Schlechten«. Im Westen war nicht nur der wirtschaftliche Austausch in den Wirtschaftsorganisationen der EG längst gang und gäbe, bevor man daran ging, den Binnenmarkt vorzubereiten. Auch die Waffensysteme der einzelnen Staaten waren unter dem Dach der Nato vereint. Diese vielschichtigen Formen der Zusammenarbeit waren sicher nicht immer perfekt aufeinander abgestimmt. Dennoch zeigen sie die breite Entwicklung in Richtung auf eine zunehmende Integration der Staaten.

Es bedurfte zweier Weltkriege, um in Europa die Voraussetzungen für einen zukünftigen Staatenbund zu schaffen. Und dennoch befanden wir uns hart am Abgrund zu einer dritten Katastrophe, ehe sich wieder eine wirkliche Perspektive auftat: die europäischen Staaten – alle europäischen Staaten – in einem großen Bund zu vereinen.

Niemand darf sich heute mehr der Einsicht verschließen, daß nicht einzelne Staaten, sondern alle Menschen dieser Welt eine *gesellschaftliche* Einheit bilden müssen. Ohne globalen Bezugsrahmen wird sich der soziale Wandel nicht mehr erfassen lassen. Ohne globalen Bezugsrahmen wird eine diesem Wandel vernünftig angemessene Politik nicht mehr möglich sein.

Dabei verläuft die Geschichte der Menschen nie linear. Sie ist, um ein Bild Kants zu gebrauchen, aus genauso krummem Holz wie der Mensch selbst.

Die lange Welle der Integration ist von kurzen Wellen der Desintegration überlagert. Um sich zu einer neuen Struktur zusammenfügen zu können, müssen sich immer wieder gesellschaftliche Elemente aus der Bindung an ältere Strukturen lösen. Die »Renaissance der Nationalismen«, die wir derzeit in Osteuropa erleben, ist dafür ein Beleg.

Gemessen an der Entstehung der großen europäischen Nationalstaaten in der Vergangenheit sind die nationalistischen Bewegungen in der Sowjetunion oder auf dem Balkan eher mit den starken »regionalistischen« Bewegungen in Westeuropa zu vergleichen, etwa den baskischen oder wallonischen Autonomiebewegungen. Das wesentliche Motiv dieses östlichen Nationalismus scheint mir der Wunsch der Menschen nach Demokratie und Selbstbestimmung zu sein: Es geht darum, sich dem

Machtanspruch einer auferzwungenen Integration zu entziehen. Gorbatschow scheint diesem Wunsch entsprechen zu wollen – vorausgesetzt, der Prozeß der Emanzipation verläuft geordnet unter annehmbaren Zeitvorgaben. Die östlichen Nationalismen haben vieles gemein mit der fortschrittlichen Funktion jenes ursprünglichen westeuropäischen Nationalismus, den das Bürgertum als ideologische Waffe gegen den feudalen Absolutismus einsetzte.

Ein unabhängiger Staat Georgien etwa wäre autark gar nicht existenzfähig. Die georgischen Politiker wissen dies. Der transnationalen Verflechtungen sind sie sich ganz und gar bewußt. Ihr »Nationalismus« schlägt sich in dem politischen Wunsch nach Selbstbestimmung nieder. Doch dieser Wunsch nach Selbstbestimmung ist durchaus vereinbar mit dem anderen Wunsch, einer größeren Staatenföderation anzugehören. Im Westen wird eine vernünftige Integrationsstrategie auch nicht anders formuliert. Die Völker in Ost und West haben offensichtlich dasselbe Ziel: Mitglied zu werden in einem größeren Staatenbund. Allein der Ausgangspunkt ist nicht derselbe. Die einen, die bislang schon frei waren, müssen einen Teil ihrer historisch gewachsenen Selbständigkeit preisgeben – einen Teil ihres historisch gewachsenen Selbstverständnisses auch –, um sich in eine größere Gemeinschaft einordnen zu können. Um das gleiche tun zu können, müssen die anderen, die bisher unterdrückt waren, einen Teil ihrer Selbständigkeit erst wieder zurückgewinnen. Insofern handelt es sich hier um eine »nachholende Revolution«. Die Staaten müssen zu Subjekten ihrer eigenen Geschichte werden, bevor sie eine übergreifende Haltung einnehmen können.

Der globale Integrationsprozeß auf der Ebene der Staaten hat nicht nur mit vielen Widerständen zu kämpfen, er wird zudem von einem Prozeß der gesellschaftlichen Individualisierung in den verschiedenen Staaten begleitet. Auch dies scheint nur auf den ersten Blick paradox zu sein. Allen gegenläufigen Tendenzen zum Trotz – Tendenzen der Nivellierung, Tendenzen der »Vermassung«, die ja gerade dem »Konsumismus« innewohnen – ist die fortschreitende Individualisierung in vielen gesellschaftlichen Bereichen unverkennbar. Dafür ist die Scheidungsrate ebenso ein Indiz wie die wachsende Zahl der Wechselwähler. Nicht zuletzt in der Arbeitswelt macht sich der Wunsch vieler Menschen nach größeren individuellen Entfaltungsräumen und Gestaltungsmöglichkeiten bemerkbar. Die Tarifverträge tragen dem mehr und mehr Rechnung.

Je reicher eine Gesellschaft wird, desto differenzierter werden die Bedürfnisse und damit die Lebensformen. Kaum eine Werkskantine wagt heute noch, den Menschen nur ein Essen anzubieten.

Es versteht sich von selbst, daß eine Politik, die sich gegen solche gesellschaftlichen Individualisierungsprozesse sperrte, auf die Dauer zum Scheitern verurteilt wäre. Die stalinistischen Diktaturen haben lange versucht, in ihrem Machtbereich die Gesellschaft nach einem kollektivistischen Ideal umzuformen. Zweifelsohne ist es ihnen dabei gelungen, den gesellschaftlichen Individualisierungsprozeß, gemessen an den westlichen Entwicklungen, wenn nicht ganz zu unterbinden, so doch zu verlangsamen. Gerade hierin aber liegt ein wesentlicher Grund ihres Zusammenbruchs. Mit der Behinderung der Individualisierung sind nicht nur die Freiheitsbestrebungen der Menschen unterdrückt, sondern auch Eigeninitiative und Verantwortungsbewußtsein gelähmt worden.

Es liegt auf der Hand, daß Demokratien stärker als

Diktaturen durch einen Individualsierungsprozeß gekennzeichnet sind: Die Individualisierung wächst mit den Möglichkeiten der persönlichen Entscheidung und der Selbstbestimmung. Persönliche Initiative setzt individuelle Entscheidungsfähigkeit voraus. Im stalinistischen Staat sind diese Tugenden gesellschaftlich nicht belohnt worden. Wir können nur hoffen, daß es den Menschen, die sich vom Joch des Stalinismus befreit haben, gelingt, auch die Fesseln ihrer kommunistischen Sozialisierung abzustreifen. Eine gewisse Gefahr liegt darin, daß Menschen, deren Individualität und persönliche Initiative stets gering geschätzt wurden, verunsichert reagieren, sobald plötzlich Selbstbestimmung von ihnen verlangt wird. Es ist denkbar, daß sie sich nach der alten Fremdbestimmung zurücksehnen und wieder eine »starke«, also autoritäre politische Führung in den Sattel heben.

Da sie Eigeninitiativen und Entfaltung des Individuums stets aufs Äußerste mißbilligt haben, konnte in kommunistischen Ländern eine Modernisierung aller gesellschaftlichen Belange, die diesen Namen wirklich verdient hätte, gar nicht erst entstehen. Letztlich blieb der gesellschaftliche Fortschritt, in dessen Namen die freie Entfaltung des Individuums bekämpft wurde, dabei selbst auf der Strecke.

Daß die Chancen für eine Entfaltung der Persönlichkeit auf einer höheren Ebene der gesellschaftlichen Integration zunehmen, wird deutlich, wenn man zum Vergleich frühere Gesellschaftsordnungen heranzieht. Es gehört ja nicht viel Phantasie dazu, sich auszumalen, daß in der Freudschen »Urhorde« der einzelne nur im Schutz der Gruppe überleben konnte. Schon die Tatsache, daß die Gruppen dieser Frühgesellschaft einfach organisiert und von geringer Kopfzahl waren, läßt ahnen, wie eng, wie unmittelbar, wie unausweichlich der einzelne an die Gruppe gebunden gewesen sein muß – ohne innere Balance zwischen Konfrontation und Zusammenarbeit hätte die Gruppe selbst wohl kaum überleben können. Auch in den späteren Gesellschaften der Vormoderne war der einzelne, nach allem, was wir wissen, sehr viel strenger und sehr viel direkter allgemeingültigen Ritualen und kulturell bedingten Verhaltensnormen unterworfen als dies heute der Fall ist. Das ganze Leben verlief innerhalb der gesellschaftlichen Gruppen, in die man hineingeboren wurde. Zeit seines Lebens blieb der einzelne an vorstaatliche soziale Einheiten gebunden, an Sippe, Stamm oder Heimatort. Sie gewährten Schutz vor Unbill und Bedrohung von außen. Der soziale Anpassungsdruck, den sie ausübten – gleichsam der Preis für den Schutz – war um so stärker, je unmittelbarer das Individuum auf die Hilfe der Gruppe angewiesen war.

Ähnliches läßt sich auch für komplexere, »entwickeltere« soziale Einheiten feststellen. Bereits vor ihrer Integration in ein weltumspannendes, engmaschiges Beziehungsgeflecht ermöglichten die großen, parlamentarisch regierten Nationalstaaten ihren Bürgern mehr und größere Chancen auf individuelle Entfaltung, als dies zuvor in den autokratisch regierten Feudalstaaten der Fall war. Im Grunde hängt die zunehmende Individualisierung auch zusammen mit dem Übergang von der Agrar- in die Industriegesellschaft, also mit der Emanzipation von der Natur. Solange für viele Menschen nicht einmal das nackte Überleben gesichert war, war dies der vorherrschende Zweck des gesellschaftlichen Zusammenschlusses. Erst vor dem Hintergrund existentieller Sicherheit konnte für bessere Lebensqualität gekämpft werden. Das Verhältnis des einzelnen Menschen zur Gesellschaft verändert sich mit dem Übergang von einer weniger differenzierten zu einer komplexen Gesellschaftsform. Die Individualisierung in einem Staat nimmt mit dem Grad der Freiheit und dem Maß des Reichtums zu.

Es gibt kaum einen besseren Gradmesser für sozialen Wandel als die Sprache. Die unterschiedliche Bedeutung, die der Begriff des Individuums im Laufe der Jahrhunderte erfuhr, ist bezeichnend für die Stufe der Individualisierung in einer Gesellschaft. Als Begriff, der das Wesen des einzelnen Menschen bezeichnet, ist das lateinische »Individuum« eine neuzeitliche Sprachschöpfung. Die Antike kannte eine solche Bedeutung des Wortes nicht: Unter »Individuum« verstand sie nur das »Unteilbare«. Auch im mittelalterlichen Latein hatte sich daran nichts geändert. Und selbst im siebzehnten Jahrhundert sprach man noch von der »heiligen individuellen Dreifaltigkeit«. Die Gesellschaft brauchte ein solches Wort nicht, war doch der Mensch mehr durch die Wir-Identität der Gruppe, zu der er gehörte, als durch die Ich-Identität seiner eigenen Persönlichkeit bestimmt. Erst im dreizehnten Jahrhundert beispielsweise wurden die Votivbilder in den Kirchen von »den Meistern« signiert. Vorher waren sie Ausdruck des »Wir-Gefühls« der Gemeinde. Es dauerte dann noch einmal drei Jahrhunderte, bis dieser Wandel sich auch in der Philosophie widerspiegelte. Erst mit der Moderne entstand das Bedürfnis, die Persönlichkeit des einzelnen Menschen auf einen abstrakten Begriff zu bringen.

Die volle Bedeutung des revolutionären Satzes »Cogito, ergo sum« wird erst dann ganz klar, wenn einem die Rolle, die das persönliche Ich in dieser Aussage spielt, bewußt wird. Descartes hat diesen Satz zu einer Zeit geschrieben, als die Stellung eines Menschen in der Gesellschaft allein von seiner Herkunft abhing, also von der Zugehörigkeit zu einem erblich privilegierten Familienverband wie dem Adel oder einem bestimmten Berufsstand wie dem Handwerk und seinen Zünften. Es ist kein Zufall, daß das »Ich« von den Humanisten der Renaissance und Frühaufklärung entdeckt wurde. Gerade diese Gelehrten bildeten eine Gruppe, die sich soziale Achtung und gesellschaftlichen Aufstieg allein durch ihre persönliche Leistung erwerben konnte. Ihre »Entdeckung des Ich« war eine wesentliche Voraussetzung für die Demokratie: Sie half das Bild des Menschen aus einer Vorstellung zu befreien, in der Herkunft und Geburt für die soziale Stellung maßgebend waren. In dem Maße, wie das Weltbild des Rationalismus und der Aufklärung in Europa die Einzigartigkeit des Menschen hervorhob und seine Selbständigkeit forderte, in dem Maße auch, wie die Humanisten den einzelnen mit weitreichenden Menschenrechten ausstatteten und daraus so etwas wie die Unantastbarkeit einer persönlichen Würde ableiteten, brauchten sie einen Begriff für den einzelnen einzigartigen Menschen als gewissermaßen gruppenlosem Wesen: Das Wort vom menschlichen »Individuum« war geboren. Der Mensch war nicht länger ein »Ebenbild Gottes«, das sich im irdischen Jammertal zu läutern hatte, sondern stellte sich selbst in den Mittelpunkt der Welt. Auch an der sprachlichen Entwicklung läßt sich also erkennen, daß der historische Modernisierungsprozeß nicht nur einer der Integration, sondern auch einer der Individualisierung war. Er machte den Weg frei für die Emanzipation des einzelnen von gesellschaftlichen Zwängen.

An den beiden großen Trends – der Integration und der Individualisierung – läßt sich heute schon recht deutlich erkennen, welche politischen Gruppierungen eine Modernisierung fördern. Globale Integration ist ohne Internationalismus – auch in der Deutschlandpolitik – nicht denkbar. Auch auf die soziale Frage können wir keine Antwort geben, solange wir der weltweiten Entwicklung nicht genügend Beachtung schenken. Der Individualisierung entspricht die Erweiterung der persönlichen Freiheitsräume – vor allem in der Arbeitswelt. In gewisser Weise verlangt die Modernisierung nach einer »Entstaatlichung« in doppelter Hinsicht. Zum einen soll der Nationalstaat als Orientierungsrahmen für die Politik durch einen größeren, eben internationalen Rahmen ersetzt werden. Zum anderen soll der Staat einen Teil seiner Verantwortung an die Gesellschaft, an seine Bürgerinnen und Bürger abtreten. Wer mehr Demokratie wagen will, muß die Menschen stärker an Entscheidungen beteiligen. Der verantwortungsimperialistische Kommandostaat, der seinen Bürgern alle Eigenverantwortung nimmt und sie entmündigt, lähmt ihre produktiven und kreativen Kräfte. Der Kommunismus ist auch aus Mangel an Modernität zusammengebrochen.

Natürlich ist der einzelne auch in der modernen Gesellschaft auf die Solidarität seiner Mitmenschen angewiesen. Allerdings drückt sich diese Solidarität weit stärker als früher in Form gesellschaftlicher Vermittlung aus. Die moderne Gesellschaft ist in einem solchen Ausmaß arbeitsteilig organisiert und so stark vernetzt, daß Robinson Crusoe selbst als bizarre Figur einer postindustriellen Utopie nicht mehr denkbar ist.

Mit zunehmendem sozialen Reichtum, mit zunehmender gesellschaftlicher Komplexität hat der Nationalstaat die Schutzfunktion übernommen, die einst der Sippe oder dem Stamm oblagen. Zugleich aber erfährt der einzelne den Schutz des Staats weit weniger als bei vorstaatlichen sozialen Einheiten als persönliche Zuwendung. Vielmehr wird er von eigens dafür eingerichteten Institutionen geschützt. Aus der Sicht des einzelnen Staatsbürgers mag die Funktion des modernen Staats auf den ersten Blick widersprüchlich erscheinen. Der Rechts- und Wohlfahrtsstaat ebnet einerseits die Unterschiede zwischen den Menschen ein. Er hat ein für alle gleich gültiges Regelnetz geschaffen. Darüber hinaus ist die viel zitierte Solidargemeinschaft anonym. Nicht eine konkrete Person – wie zu Feudalzeiten etwa eine Fürstin, die Brot an hungernde Leibeigene verteilte –, sondern die Institutionen des Sozialstaats sorgen im Ernstfall für den Betroffenen. Auch zu den karitativen – etwa kirchlichen – Organisationen des neunzehnten Jahrhunderts hatte der einzelne noch einen eher persönlichen Kontakt. Andererseits – und das ist keineswegs paradox – mildert gerade die Anonymität des modernen Sozialstaats den gesellschaftlichen Anpassungsdruck und die soziale Kontrolle und trägt damit erheblich zur freien Entfaltung der Persönlichkeit, also zur Individualisierung bei. Niemand verlangt mehr moralisches Wohlverhalten oder kontrolliert den »Lebenswandel«, wenn es gilt, soziale Solidarität zu üben.

Wenn ich der Ansicht bin, daß sich die Politik dieser Individualisierung nicht verschließen darf – und zwar weder die der Parteien noch die der Gewerkschaften –, so will ich damit doch keineswegs einem hemmungslosen Individualismus das Wort reden. Der einzelne kann nur in der Gesellschaft, nicht gegen oder ohne die Gesellschaft frei sein. Robinson Crusoe war nicht frei, sondern einsam. Ein »Wir-loses Ich« ist eben kein freies, sondern ein einsames »Ich«. Es kommt also darauf an, das Verhältnis zwischen Solidarität und Individualismus, zwischen »Wir« und »Ich« in der veränderten gesellschaftlichen Wirklichkeit neu auszubalancieren. Das Mehr an individueller Freiheit, das es heute gibt, ist erst durch die gesellschaftliche Solidarität möglich geworden, besser, dadurch, daß diese gesellschaftliche Solidarität in den sozialstaatlichen Institutionen fest verankert wurde. Erst der Sozialstaat hat die Voraussetzungen für einen neuen Individualisierungsschub geschaffen.

Den gesellschaftlich anderen Bedingungen im neunzehnten Jahrhundert entsprach auch eine andere Wir-Ich-Balance. In einer von vor-sozialstaatlichen Gegensätzen geprägten Gesellschaft schlug sich der »Klassenkampf« auch in einem anderen Umgang mit Begriffen nieder: Individualismus gegen Kollektivismus oder Sozialismus. Mit solchen Vokabeln wurden die Fronten abgesteckt. Diese Tradition der gegensätzlichen politischen Begriffsbestimmung, die aus den frühen Kampfzeiten der Arbeiterbewegung stammt, hat viel dazu beigetragen, die Individualisierung, also die Emanzipation des einzelnen, unter Arbeitern, Sozialisten und Gewerkschaftern zu diskreditieren – bis auf den heutigen Tag. Erst langsam setzt sich die Einsicht durch, daß mit dem sozialen Wandel auch die Wir-Ich-Balance in der Gesellschaft neuen Gesetzen unterliegt.

Dabei war die Arbeiterbewegung selbst ja einer der Motoren des sozialen Wandels. Sie vor allem hat die Demokratisierung Deutschlands vorangetrieben – und damit die gesellschaftliche Integration. Noch im neunzehnten Jahrhundert wurde der Arbeiterschaft bestenfalls ein Platz am Rande der bürgerlichen Gesellschaft zugewiesen. Sie war von allen staatlichen Entscheidungen ausgegrenzt. Entsprechend schwach war die Identifikation der proletarischen Schichten mit dem Bismarckschen Nationalstaat. Der frühzeitige Internationalismus der Sozialdemokratie war im Grunde genommen nur eine Reaktion auf diese Ausgrenzung. Die »Vaterlandslosigkeit der Gesellen« war nicht ganz freiwillig. Erst im Laufe des zwanzigsten Jahrhunderts, mit wachsender demokratischer Beteiligung aller Schichten an den politischen Entscheidungen, festigte sich auch die Bindung der Arbeiter an den Nationalstaat. Jetzt, da diese Schichten gleichsam im Nationalstaat etabliert sind, sperren gerade sie sich oft gegen jede weitere Integration sogenannter Außenseiter: Gastarbeiter sollen günstigstenfalls arbeiten dürfen, wesentliche Staatsbürgerrechte aber sollen ihnen vorenthalten werden. Diese Einstellung mag psychologisch erklärbar sein, sie ist dennoch anachronistisch in einer Zeit, deren Zeichen auf transnationale gesellschaftliche Integration stehen. Auch dieses Beispiel zeigt, wie weit das Bewußtsein meist hinter der geschichtlichen Entwicklung zurückbleibt.

Auch wenn Integration und Individualisierung in der Geschichte Hand in Hand gehen, so verlaufen doch die jeweiligen Integrations-, beziehungsweise Individualisierungsschübe selten gleichzeitig. In dem Maße, wie individuelle Freiheiten institutionell an eine bestimmte gesellschaftliche Ordnung geknüpft sind, kann jeder neue Integrationsschub, der über die Institutionen dieser Ordnung hinausgeht, anfangs einen partiellen Verlust individueller Freiheit bedeuten. Diese Regel scheint sich in der Übergangsphase Europas von der nationalstaatlichen zu einer transnationalen Organisation der Gesellschaft zu bestätigen. Europa läutet die Stunde der Exekutive ein: Da demokratische Legitimation noch immer im wesentlichen nur im nationalstaatlichen Rahmen möglich ist, entzieht sich der institutionelle Zusammenschluß Europas weitgehend der Kontrolle durch die Bürgerinnen und Bürger. Das frei gewählte Europaparlament ist kein taugliches Gegenbeispiel. Denn Kontrolle über die weitreichende Arbeit der Europainstitutionen gehört nicht zu seinen Befugnissen. Europapolitik besteht immer noch überwiegend aus nationaler Außenpolitik.

Auf die Außenpolitik aber können die Bürger weit weniger Einfluß üben als auf die Politik ihrer jeweiligen Parlamente. Im Interesse der Staatssicherheit wird nur ein kleiner Kreis von Parlamentariern mit allen Informationen versorgt, die für die Meinungsbildung bei heiklen zwischenstaatlichen Problemen eigentlich wichtig wären. Gerade im zwischenstaatlichen Bereich hat die Exekutive noch ein hohes, ein fast »absolutes« Maß an Entscheidungsfreiheit. Deshalb auch konnte die Bundesregierung ihre Deutschlandpolitik im Alleingang durchziehen, ohne die Opposition auch nur zu konsultieren. Sie hat in einer Frage, die die Zukunft des ganzen Landes betrifft, das Privileg der Exekutive genutzt und über die Köpfe und Wünsche der Regierten hinweg ihre politische Linie durchgesetzt.

Doch auf die Stunde der Exekutive wird die Stunde der Volksvertretung folgen. In der neuen transnationalen Ordnung werden die Menschen ihre demokratischen Rechte zurückfordern und zurückerhalten – und dies hoffentlich in einem breiteren Ausmaß als vordem. Auf der jeweils höheren Integrationsebene wird der Wähler auch mehr Entscheidungsspielraum gewinnen. Dem Integrationsschub könnte ein neuer Individualisierungsschub folgen. Die Möglichkeiten demokratischer Wählerentscheidung werden nicht mehr an den Nationalstaat gebunden sein. Das Europäische Parlament wird die wichtigeren politischen Entscheidungen treffen.

Immer wieder hat die gesellschaftliche Entwicklung etablierte menschliche Gewohnheiten und Verhaltensweisen überholt, weil – je nach Standpunkt des Betrachters – Beharrungsvermögen oder Trägheit der Flexibilität im Wege standen. Wissenschaftlich ausgedrückt: Die Dynamik des sozialen Wandels ist stärker als die Dynamik des sozialen Verhaltens. Der soziale Habitus widersteht der sozialen Entwicklung.

Dieser Mechanismus wird dann überdeutlich, wenn der Übergang von traditionellen Ordnungen zu modernen Staatsformen abrupter als in Europa verlaufen ist oder verläuft. In vielen afrikanischen Staaten beispielsweise hat die Diskrepanz zwischen Stammesbindungen und dem, was zur Bildung eines Nationalstaats erforderlich war, zu einer endlosen Reihe blutiger Auseinandersetzungen geführt. Dafür ist es allerdings auch lehrreich, sich die Landkarte des afrikanischen Kontinents anzusehen: Noch heute ist darauf zu sehen, wie willkürlich die einstigen Kolonialherren die Geographie unter sich aufgeteilt haben – ohne Rücksicht auf ethnographische Einheiten und Bindungen. Eine afrikanische Landkarte sieht aus wie die DDR vom Flugzeug aus betrachtet: hier Reißbrettaufteilung der Kolonialmächte, dort Reißbrettaufteilung der sozialistischen LPG-Planer. Selbst wo die Staatsgründung nach dem Ende der Kolonialisierung friedlich verlief, hat sich eine »nationale« Identität oft nicht eingestellt. Die ältere Generation blieb völlig den traditionellen stammesorientierten Denk- und Verhaltensnormen verhaftet. Erst für die nachfolgenden Generationen verblaßte die Kraft dieser Tradition. Nur sehr allmählich, aber doch von Generation zu Generation stärker wirksam, konnte sich eine auf den Staat statt auf den Stamm bezogene Wir-Identität durchsetzen. Warum sollte dies, wenn auch auf anderer Ebene, in der von Tradition geprägten »Alten Welt« auf dem Weg zur transnationalen Vereinigung grundsätzlich anders sein?

In der europäischen Geschichte stoßen wir ja auf genug Beispiele dafür, wie soziales Bewußtsein und soziales Sein der gesellschaftlichen Entwicklung hinterherhinken. Es war der »große« Bonaparte, der Frankreich mit seinem berühmten »Code Napoleon« modernisiert hat wie kein anderer zuvor. Zugleich aber »beglückte« er die Völker Europas mit einem schier beispiellosen, anachronistischen Nepotismus. Wie einen Kuchen teilte er den Kontinent unter seinen Geschwistern und Freunden auf, was auch damals längst nicht mehr der hohen Kunst moderner Staatsführung entsprach. Verstehen kann man das nur, wenn man sich der Bedeutung des Familienclans in der korsischen Gesellschaft bewußt wird. Noch bis ins zwanzigste Jahrhundert fühlten sich Korsen ihrer Familie bis zur bittersten Konsequenz verpflichtet – Blutrache nicht ausgeschlossen. Selbst ein Napoleon Bonaparte hat es also nicht vermocht, sich aus den sozialen Verpflichtungen zu lösen, die der traditionellen Welt seiner Kindheit zwar entsprach, der Welt des späteren Staatsmanns aber Hohn sprach.

So läßt sich in vielen Fällen wohl auch die »Vetternwirtschaft« in Entwicklungsländern erklären. Das Wort »Entwicklungsland« ist hier sogar angebracht. Denn ich denke dabei an Länder, deren staatliche Selbständigkeit noch so jung ist, daß der Übergang von den traditionellen sozialen Einheiten zu den moderneren staatlichen Institutionen im Bewußtsein der Bevölkerung noch nicht ganz und gar vollzogen wurde. Korruption ist oft nur ein Ausdruck von Loyalitätskonflikten, die vor allem in einer solchen Übergangsphase nicht ausbleiben können. Das

Ethos der modernen Staatsverwaltung verbietet es, Verwandte zu bevorzugen, wenn es um die Vergabe einer staatlichen Stelle geht. Das herkömmliche Ethos einer zudem noch emotionalen Bindung an die traditionelle Überlebenseinheit der Familie oder der Sippe aber gebietet, daß seinen Verwandten helfen muß, wer immer dazu die Möglichkeit hat. Was nach der vor-staatlichen Gewissensbildung Pflicht ist, gilt nach der nationalstaatlichen Gewissensbildung als Korruption. Die wuchernde Korruption in einigen Entwicklungsländern besagt also weniger, daß dort ein besonders bestechlicher Menschenschlag zu Hause ist, vielmehr zeigt sie, wie beharrlich traditionelle Denk- und Verhaltensnormen den gesellschaftlichen Entwicklungen widerstehen, wie stark das Bewußtsein der Menschen hinter dem sozialen Wandel herhinken kann.

Diese Beispiele führe ich nur deshalb an, weil ich an besonders prägnanten Fällen einen allgemeinen Grundsatz veranschaulichen möchte. Auch wenn die meisten von uns es nicht wahrhaben wollen: Dieser Grundsatz, wiewohl in anderer Form, hat auch bei uns nach wie vor seine Gültigkeit. Meines Erachtens drückt die Deutschlandpolitik der Bundesregierung ein solches Nachhinken des Bewußtseins hinter den realen Entwicklungen aus. Während die gesellschaftliche Integration den Nationalstaat als Schutz- und Überlebenseinheit längst überwunden hat, sind die politischen Kategorien, in denen der Bundeskanzler denkt, noch ganz dem herkömmlichen Nationalstaat verhaftet. Deshalb konnte er die Chance nicht wahrnehmen, die deutsche Frage im Sinne der zukünftigen, transnationalen Entwicklung der Gesellschaft zu lösen. Auch wenn die deutsche Vereinigung die Vereinigung Europas nicht aufhalten, ja, sie sogar beschleunigen wird, ihre Vorbereitung ließ europäischen Geist weitgehend vermissen.

Gewiß ist es nicht nur das Bewußtsein des Bundeskanzlers, das den eigentlichen gesellschaftlichen Entwicklungen nicht folgt. Dieses Phänomen ist viel allgemeinerer Natur. Ich habe den Eindruck, daß konservative Politiker sich zu oft, so als wären sie Historiker, von der Frage leiten lassen, wie etwas denn aus der Vergangenheit herzuleiten wäre. Sozialdemokratische Politiker gehen eher der Frage nach, wie etwas denn in der Zukunft vernünftig zu gestalten wäre. Wenn es allerdings darum geht, sich mit jüngster deutscher Geschichte energisch auseinanderzusetzen, setzt dieses Traditionsbewußtsein offensichtlich aus. Daß der Nationalstaat keine Zukunft mehr hat, ist von klarsichtigen Denkern mit den unterschiedlichsten Begründungen belegt worden. Karl Jaspers argumentiert ganz anders als Norbert Elias, kommt aber schon 1960 zu demselben Ergebnis: »... der Nationalstaatsgedanke (ist) heute das Unheil Europas und aller Kontinente. Während (er) die heute übermächtig zerstörende Kraft der Erde ist, können wir beginnen, ihn an der Wurzel zu durchschauen und aufzuheben.«

Auch die Bücher einiger nachdenklicher deutscher Politiker kommen – über die Parteigrenzen hinweg und ausgehend von unterschiedlicher Argumentationsbasis – zu dieser Aussage. Lothar Späth hat in einem Vortrag in Saarbrücken den deutschen Bundeskanzler – wer das auch immer sein wird – bedauert, weil in Zukunft die politischen Gestaltungsfunktionen auf die Ministerpräsidenten der Länder einerseits, auf ein reformiertes und aktionsfähiges europäisches Parlament andererseits übergingen.

Peter Glotz sieht – mit seinem faszinierenden Sinn für

Gefahrenpotentiale – in den mittel- und osteuropäischen Ländern einen neuen Nationalismus heraufziehen. Er bedauert, wie sehr die Nachkriegsgeschichte verdrängt wird – und Politiker zu dem nationalstaatlichen Selbstverständnis des neunzehnten Jahrhunderts zurückkehren.

Heiner Geißler wird nicht müde, vor einem allzu nationalen Kurs in der CDU zu warnen. Die nationale Frage ist für ihn nicht Selbstzweck: Sie ist eingefügt in die Forderung nach sozialen, ökologischen und ökonomischen Problemlösungen, die nicht auf den Nationalstaat beschränkt bleiben dürfen. Er fordert Freiheit für die faktisch schon jetzt multikulturelle Gesellschaft und versucht denen, die sich davor fürchten, ihre Furcht zu nehmen. Doch kann man all dem trauen? Ist die Einsicht in das Ende des Nationalstaats schon so sehr Allgemeingut geworden, daß auch der distanzierte Betrachter sich nicht mehr weiter wundert, wenn Daniel Cohn-Bendit Lobreden auf Heiner Geißler hält? Wo alle das gleiche denken, wird allgemeinhin nicht viel gedacht – sagte Gustav Heinemann.

Andere Stimmen melden sich lautstark zu Wort und erheben Widerspruch. Alfred Dregger, dem Fraktionsvorsitzenden der CDU, ist der Nationalstaat so zur zweiten Haut geworden, daß er nicht mehr für den Nationalstaat argumentiert, sondern nur mit dem Nationalstaat. Die Partei der sogenannten Republikaner ist durch das Zusammenwachsen der beiden deutschen Staaten marginalisiert worden. Zum einen war diese Partei ein Sammelbecken ideologischer Nationalisten, zum anderen hatte sie Zulauf von Menschen, die Angst haben vor den Modernisierungsschüben und um ihre soziale Stellung fürchten. Dadurch, daß die Politik des ideologisch nationalen Flügels der »Republikaner« gleichsam amtliche

Regierungspolitik geworden ist, konnte er sich nicht mehr verständlich machen. Und von dem anderen Flügel, den »Modernisierungsverlierern«, kann eine rechtskonservative Partei allein nicht leben.

Gewiß ist die Partei der »Republikaner« nur ein Sammelbecken extremer Vorstellungen. Doch in dem Maße, wie politischer Extremismus auf der Überspitzung von Ansichten und Idealen beruht, findet man solche Ansichten und Ideale in differenzierter Form auch schon in der Mitte des Parteienspektrums vor. Noch sind sich viele Menschen – vielleicht sogar die Mehrheit – nicht aller Konsequenzen bewußt, die es aus der transnationalen gesellschaftlichen Integration für die zukünftige Organisation der Staaten zu ziehen gilt.

Norbert Elias hat recht, wenn er das Zurückbleiben der gesellschaftlichen Gefühls- und Gewissensbildung hinter dem Wandel der gesellschaftlichen Strukturen und dem tatsächlichen gesellschaftlichen Integrationsniveau als eine Konstante der menschlichen Entwicklung sieht. Es entspricht unserer Lebenserfahrung, daß nichts schwerer zu verändern ist als uns vertraute und eingefahrene Denk- und Gefühlsmuster. Tiefgreifende Veränderungen des gesellschaftlichen Bewußtseins gehen denn oft auch Hand in Hand mit einem Generationswechsel. Der Staatspräsident der UdSSR, Michail Gorbatschow, gehört einer anderen Generation an als die meisten anderen Mitglieder des Politbüros und des ZK. Es ist nicht verwunderlich, daß er die Geschehnisse *neu* denkt und *neu* sieht.

In der derzeitigen Übergangsphase befindet sich der Nationalstaat in einer zwiespältigen Lage: Wir erleben die »Gleichzeitigkeit des Ungleichzeitigen«. Zum einen laufen wesentliche gesellschaftliche Entwicklungen der nationalstaatlichen Souveränität entgegen, und es mehrt sich der sachliche Druck, diese Souveränität weiter zu beschränken. Zum anderen hat der autonome Nationalstaat nach wie vor für die Menschen eine wichtige Funktion, die vielen unverzichtbar erscheint. Aus diesem Dilemma kann es nur einen dialektisch-politischen Ausweg geben: Der Nationalstaat selbst muß seine eigene allmähliche Beseitigung organisieren, das Unternehmen Nation muß ein multinationales Unternehmen werden. Dies wäre dann seine letzte, aber immerhin eine fortschrittliche Funktion. Und wie es aussieht, ist er dazu auch in der Lage. Die Mütter und Väter des Grundgesetzes, darauf verweist Artikel 24, hatten einen solchen Wandel des Nationalstaats bereits vorgesehen.

Freilich wird der Nationalstaat nicht einfach verschwinden. Er wird übergehen in eine neue Ordnung und dort im dreifachen, Hegelschen Sinne des Wortes »aufgehoben« sein.

IV. Für eine »Nation Europa«

Nirgendwo im westlichen Europa vollzieht sich der Wandel des Nationalstaats in Form einer allgemeinen Krise. Nationalismus und Internationalismus werden nicht als konkurrierende Konzepte verstanden, sondern als Problemlösungsmuster, die einander ergänzen und die den Problemlagen pragmatisch angepaßt werden müssen. Eine ideologische Diskussion mit großer öffentlicher Breitenwirkung über das Selbstverständnis der Menschen als Staatsbürger findet nicht statt. Und dennoch gärt es in Europa an vielen Ecken und Enden.

In der Schweiz hat es jüngst zwei Volksbefragungen gegeben: Zum einen ging es um eine Lockerung der Geschwindigkeitsbegrenzung, zum anderen um die Abschaffung des schweizerischen Volksheeres. Überraschend stimmte mehr als ein Drittel der Bürger dafür, das Volksheer abzuschaffen. Die Schweiz ist ein recht atypischer Nationalstaat. Immerhin werden dort vier Sprachen gesprochen, und die Grenzen zwischen den einzelnen Regionen sind fließend. Die Schweiz ist, im engeren Sinn, weder eine Territorialnation noch ein Staat, der aus gemeinsamer kultureller Tradition entstanden ist. Sie ist eine »Willensnation«, gewachsen aus dem freiheitlichen Zusammenschluß verschiedener Kantone in einem Verfassungsstaat.

Friedrich Dürrenmatt und Max Frisch haben die schweizerische Gesellschaft von Beginn ihres literarischen Schaffens an kritisiert. Der Blick hinter die Fassade der Gesellschaft ist mit zunehmendem Alter der beiden Autoren radikaler geworden. Und doch wäre es Friedrich Dürrenmatt wohl nie in den Sinn gekommen, den in der Schweiz erwachenden Nationalismus mit ähnlich scharfer Zunge zu verurteilen, wie er dies beim deutschen Nationalismus für angebracht hielt. Der Grund ist einfach: Der schweizerische Nationalismus mag in den Augen von Dürrenmatt schäbig und manchmal dumm sein. Der deutsche Nationalismus aber ist und bleibt gefährlich. Dies liegt nicht nur an dem Unterschied zwischen einer Nation von etwas mehr als sechs Millionen Einwohnern, und einer Nation, die demnächst 80 Millionen Einwohner umfaßt: Der schweizerische Nationalismus, das ist für Dürrenmatt die Aggressivität der Zürcher Bankenwelt und die gesellschaftliche Ausgrenzung anders denkender und anders seiender Menschen. Der deutsche Nationalismus ist für Friedrich Dürrenmatt die Verfestigung der alten Geschichte mit neuem Leim.

Als ihm 1989 der Ernst-Robert-Curtius-Preis für Essayistik verliehen wurde, ging er auf dieses Thema ein: »Vor der Bismarck-Zeit hatten die Deutschen mehr Religion als Patriotismus. Sie hatten nie einen Staat, sondern nur einen Mythos von einem heiligen Reich. Patriotismus war stets romantisch, antisemitisch sowieso, fromm und obrigkeitsgläubig ohnehin... Von Napoleon gedemütigt, träumte der deutsche Patriotismus von Einheit und Demokratie, aber verfiel dem eisernen Kanzler, der ein Kaiserreich gründete und mit der Devise: ›Wir Deutsche fürchten Gott, aber sonst nichts auf der Welt‹, ihn derart ins Hybride stürzte, daß nicht nur der neoromantische Wilhelm II., der Erste Weltkrieg, sondern auch der gescheiterte Kunstmaler Hitler und der Zweite Weltkrieg möglich und die Weimarer Republik unmöglich wurde.

Wer links stand, galt als ›vaterlandsloser Geselle‹. Das scheint allzu simpel. Aber die Schubkraft des Patriotismus ist ungeheuer. Sie wurde von den Nazis ausgenützt und der Patriotismus in ihr Flußbett gelenkt... Um so bedrohlicher, wenn in Deutschland das Wort Vaterland wieder als politischer Begriff auftaucht, von Politikern oft mit einer Innigkeit gesprochen, als sprächen sie von ihrer Mutter.« Diese Warnung Dürrenmatts fällt mir stets ein, wenn ich Helmut Kohl voller Inbrunst sagen höre: »Gott segne unser Vaterland.«

Obwohl die Schweiz alles andere als wirtschaftlich autark ist, wird die Frage, ob der Nationalstaat noch eine sinnvolle Staatsform sei, vorerst nur von wenigen Kritikern gestellt. Es ist zwar nicht daran gedacht, in größeren Bündnissen aufzugehen, wohl aber, größeren Bündnissen beizutreten. Die Gefahr für die Schweiz, wenn sie denn auf ihrer Neutralität beharrte, während ringsherum Europa zusammenwächst, wird im Land also klar erkannt. Das Festhalten an nationalstaatlicher Souveränität kann leicht dazu führen, daß der Staat entscheidende Modernisierungsmaßnahmen verpaßt. Um es an einem krassen Beispiel deutlich zu machen: so, wie in der hochmodernen nordamerikanischen Gesellschaft Enklaven existieren, deren Bewohner noch nach Mustern einer überholten Stufe der gesellschaftlichen Entwicklung leben – die Indianerreservate –, so könnte, falls in der Schweiz nicht umgedacht wird, mitten in einem transnational handelnden Europa ein nationalstaatlich ausgerichtetes »Reservat« entstehen – mit allen Nachteilen, die sich aus einer solch unzeitgemäßen Isolierung ergäben.

In Österreich stellt die nationale Frage sich ebenfalls anders als in Deutschland und anderen europäischen Ländern. Obwohl Österreich wohl auf lange Sicht und nach komplizierten Verhandlungen der EG beitreten wird, ist der Nationalstaatsgedanke in der Alpenrepublik nach wie vor fest verankert. Man wäre wohl bereit, auf eine rein autonome Wirtschaftspolitik zu verzichten. Aber kaum jemand käme auf die Idee, diesen Souveränitätsverlust gleichzeitig als das Ende des Nationalstaats Österreich anzusehen. Wenn der Nationalstaatsgedanke in Österreich überhaupt kritisch diskutiert wird, dann hinsichtlich seiner Integrationsleistung nach innen. Seine Identifikationsleistung nach außen steht außer Frage. Kaum ein Österreicher denkt daran, sein Land zukünftig als nationales Anhängsel des mächtigen vereinten Deutschland zu sehen. Selbst von der alten kaiserlich und königlichen Monarchie wird eher in Ungarn geträumt als in Österreich.

An Österreich wird deutlich, daß die Nationalstaatsform allein noch nicht unbedingt eine *nationale Gesellschaft* hervorbringt. Der Aufschrei der Bevölkerung gegen das geplante Kernkraftwerk Zwentendorf war auch ein Aufschrei der Region gegen die Zentrale in Wien.

Anders als Österreich und die Schweiz ist Italien Gründungsmitglied der EG. Die Halbinsel hat im Süden, Osten und Westen überwiegend natürliche Grenzen. Eine andere, nämlich soziale Grenze, verläuft aber im Innern des Landes. Einer Wasserscheide gleich, trennt sie – etwa auf der Höhe des Vatikanstaats – den reichen entwickelten Norden vom armen unterentwickelten Süden.

De Crescenzo gibt in seinem Buch »Also sprach Bellavista« ein anschauliches Bild von dieser Trennung des Landes in zwei Teile. Neapel und Mailand sind nicht nur eine arme und eine reiche Stadt. Im Norden lebt ein gänzlich anderer Menschenschlag als im Süden. Die größte Gemeinsamkeit beider ist wohl die Tatsache, daß sie Heimat erfolgreicher Fußballvereine sind, die in einer Liga spielen und um denselben Titel konkurrieren.

Die nationale Frage spielt in Italien nur eine untergeordnete Rolle. Es sind die gewaltigen ökonomischen, sozialen und ökologischen Unterschiede, die das Land entzweien. Der sizilianische Bauer hat mit dem Mailänder Bankier noch weniger gemein als der Bauer in Graubünden mit dem Zürcher Bankier. In Italien hat sich gleichsam das Ausländerproblem nach innen verlagert: Es ist schwierig, einen neapolitanischen Industriearbeiter in die Fiat-Gesellschaft von Turin zu integrieren. Und ein Mailänder Kaufmann würde auf einem Markt in Neapel wohl kaum den richtigen Ton treffen. Während der italienische Industriegürtel im Norden hochgradig modernisiert ist, herrschen im Süden noch die Traditionen einer archaischen Gesellschaft, die von dem Universalitätsanspruch der Marktgesetze gar nicht erst erreicht wird.

In Italien stellt sich die nationale Frage also ebenso wenig, wie es nationale Vorbehalte gibt. Italien ist Mitglied der Nato. Italien ist Mitglied der EG. Niemand käme offensichtlich auf die Idee, daß damit ein Stück nationale Identität preisgegeben würde. Die Menschen fühlen auch dann noch italienisch, wenn sie amerikanische Cola trinken und in einem japanischen Fernsehgerät ein deutsches Fußballspiel sehen.

Frankreich ist ebenfalls Mitglied der EG. Und Frankreich ist Mitglied der Nato – auch wenn es aus der militärischen Integration ausgetreten ist. Frankreich ist aber auch Atommacht. Ohne Zweifel existiert in Frankreich die nationale Frage, wenn auch anders als in Deutschland. Nachdem in Westeuropa niemand mehr ernsthaft an den bestehenden Grenzen rütteln will, ist der französische Nationalismus moderner geworden. Er setzt nicht mehr auf Terraingewinn, sondern versucht im Innern Boden gut zu machen. Französische Nationalisten glauben nicht an die Integrationswilligkeit und die Integrationsfähigkeit der Bevölkerung, wenn es um die Ausländer aus den ehemaligen Kolonien geht, die Ausländerfeindlichkeit steigert sich bis zu offenem Rassismus.

Daß Nationalismus sich nicht mehr gegen Völker jenseits der Landesgrenzen kehrt, sondern gegen Bewohner des eigenen Landes, ist nicht einmal ganz unlogisch in einer Zeit, in der Eroberungskriege nicht mehr geführt werden. Das aber macht den Nationalismus nicht besser. Die Integration der ausländischen Mitbürger bereitet vielen Staaten in Europa große Schwierigkeiten. Der Nationalstaat und die Idee einer multikulturellen Gesellschaft sind offenbar nur schwer miteinander in Einklang zu bringen. Auch die Benelux-Staaten sind von Ausländerfeindlichkeit nicht verschont geblieben.

Jacques Delors, Präsident der EG-Kommission in Brüssel, ist ein großer Europäer. Er ist eine treibende Kraft bei der Integration Europas – bei der Einrichtung des europäischen Binnenmarkts wie bei der Einführung einer europäischen Währungsunion. Auch wenn Präsident Mitterrand gerade vorgeschlagen hat, die Sowjetunion mittels einer Konföderation an den europäischen Einigungsprozeß anzubinden, so weigern sich die Franzosen noch immer, europäischen Geist auch in der Sicherheitspolitik walten zu lassen. Die deutsch-französischen Brigaden sind nur ein schwacher Ersatz für eine wirkliche sicherheitspolitische Zusammenarbeit. Der Bereitschaft, im Bereich von Währungs- und Wirtschaftspolitik zu kooperieren, steht die vermeintliche oder wirkliche Autarkie der französischen »Force de frappe« gegenüber.

Frankreich ist bereit, wirtschaftspolitische und finanzpolitische Souveränität aufzugeben zugunsten europäischer Lösungen oder zumindest von Lösungen im Rahmen der EG. Aber nur wenige Franzosen stellen sich deshalb die Frage, ob der Nationalstaatsgedanke ein veraltetes Konzept sei. Wir erfahren auch hier, daß die für eine sinnvolle Steuerung ökologischer und ökonomischer Prozesse erforderlichen Voraussetzungen von der Frage abgetrennt werden, wieviel Identität im Nationalstaat noch ausgedrückt werden kann.

Wie in vielen anderen Ländern, emanzipieren sich im Zentralstaat Frankreich einzelne Regionen von der Pariser Zentrale. Allerdings konkurrieren hier kaum unterschiedliche Identitäten. Tradition und Lebensgefühl der Menschen in der Auvergne oder in Burgund sind ihrer Heimatregion verbunden und dennoch zutiefst französisch.

England ist Mitglied der EG. England ist Mitglied der Nato. England ist Atommacht. Und England ist eine Insel mit natürlichen Grenzen. Die einstige Weltmacht tut sich schwer damit, Einwanderer aus den ehemaligen Commonwealth-Staaten zu assimilieren. Für das United Kingdom war und ist der europäische Weg schwieriger zu gehen als für andere Nationen. Nicht allein die Insellage, sondern auch die engen Beziehungen zu den Vereinigten Staaten und das transatlantische Lebensgefühl standen dem Unternehmen Europa immer ein wenig im Wege.

Noch bis vor wenigen Jahren war die Labour Party antieuropäisch eingestellt. Jetzt ist es die englische Premierministerin Margret Thatcher, die energisch Vorbehalte gegen eine europäische Vereinigung anmeldet. Dabei läßt sie sich aber wohl weniger von Nationalismus leiten. Vielmehr geht es ihr darum, wie soziale, ökonomische und ökologische Politik von Grund auf geordnet werden sollen. Margret Thatcher setzt überall und bedingungslos auf das Konkurrenzprinzip. Ihr schwebt nicht eine europäische Zusammenarbeit vor, sondern eine weltweite Konkurrenz der Produktionsstandorte, die durch eine lose europäische Einigung gefördert werden soll. Alle gesellschaftlichen Bereiche sind diesem Konkurrenzprinzip nachgeordnet: Das soziale Ungleichgewicht in Europa soll ebenso als Wettbewerbsvorteil genutzt werden wie das ökologische. Eine souveräne Währungspolitik soll ein zusätzlicher Hebel im europäischen Wettbewerb sein. Margret Thatchers Konzept von Europa unterscheidet sich diametral von dem des Jacques Delors. Der nämlich möchte im Rahmen einer ökonomischen, ökologischen und sozialen Ordnung Wettbewerbsgleichheit für europäische Firmen herstellen. Die britische Premierministerin will dagegen die ökologischen, ökonomischen und sozialen Unterschiede nutzen, um den Wettbewerb zwischen den Produktionsstandorten zu verschärfen.

Es ist schwer auszumachen, wie nach diesem Konkurrenzprinzip vernünftige europäische Umweltpolitik gestaltet werden kann. Man muß wohl eher ökologisches und soziales Dumping befürchten. Ein solches Dumping wäre das Ergebnis einer konservativ-liberalistischen Konzeption von Europa – nicht aber eines außenpolitischen Nationalismus.

In den skandinavischen Ländern kommt Nationalismus nur in der Variante der Ausländerfeindlichkeit vor. Gleiches gilt für Spanien und Portugal. Die Spanier haben obendrein mit dem Problem regionaler Autonomiebestrebungen zu kämpfen, denen das Nationalstaatskonzept selbstverständlich nicht gerecht werden kann.

Auch in unseren westlichen Nachbarländern gibt es also größere und kleinere Probleme, die durch die nationalstaatliche Ordnung kaum bewältigt werden können. Im Grunde sind diese Probleme aber nicht staatspolitischer Natur – eben Probleme der Rechtsordnung –, sondern ergeben sich aus einer begrenzten gesellschaftlichen Integrationsbereitschaft. Diese Integrationsbereitschaft kann durch staatliches Handeln gefördert werden – beispielsweise durch die Einführung eines kommunalen Wahlrechts für Ausländer, wie es in einigen Ländern schon geschehen ist – aber das eigentliche Problem ist damit sicher nicht aus der Welt zu schaffen.

An vielen Stellen bröckelt in Westeuropa der Nationalstaat. Daß die einzelnen Krisenherde sich in den Köpfen der Menschen dennoch nicht zu einer allgemeinen Krise der Nationalstaatsidee verdichten, mag an der Trägheit des menschlichen Bewußtseins liegen.

Für die Menschen in Europa ist der Nationalstaat seit langem eine primäre Überlebenseinheit. Vielen erscheint er in dieser Rolle nach wie vor unentbehrlich, weil sie für eine andere soziale Einheit, die dieselbe Funktion ähnlich wirksam übernehmen könnte, noch nicht greifbar ist. Die Einrichtungen der sozialen Sicherheit sind ja in der Tat an den Nationalstaat geknüpft. Wem freilich das Tempo der europäischen Einigung nicht hoch genug ist, der sollte bedenken, wie zäh und wie schmerzhaft, und von wie vielen Rückschlägen begleitet, die Entwicklung der europäischen Staaten zu Nationalstaaten verlaufen ist.

Gesellschaftsordnungen sind nicht das Produkt sozialtechnischer Ingenieurkunst. Sie sind keine Werkstücke – maßgeschneidet für den jeweiligen Zweck, dem sie dienen sollen. In den allerwenigsten Fällen entstehen sie am

Schreibtisch. Ebenso wenig beruhen sie auf bloßem Zufall. Gesellschaftliche Ordnungen sind von Menschen gemacht, aber sie spiegeln doch nie genau das wider, was diese Menschen wollen. Auch die Geistesgrößen der Aufklärung, denen Vernunft oberstes Gebot war, unterstellten nicht die vollständige Planbarkeit der Geschichte.

In Europa dominierten über viele Jahrhunderte transnationale Ordnungen. Kaiser, Könige und Päpste waren die politischen Akteure im Großen; Fürsten, Grafen, Landvögte und Vasallen waren die politischen Akteure im Kleinen. Eine große Zahl territorialer Zusammenschlüsse entstand durch Eroberungszüge. Mehr noch als durch militärische Operationen wurde die Ausdehnung und die Begrenzung der Herrschaftsgebiete in Mitteleuropa auf dem Wege der »diplomatischen Ehe« geregelt. Nach dem westfälischen Frieden von 1648 existierten auf dem heutigen deutschen Territorium mehr als 300 Kleinstaaten.

Im Kern war die Bildung der Nationalstaaten in Westeuropa gegen die Willkür der Monarchien und gegen den Zugriff des Papstes auf innerstaatliche Angelegenheiten gerichtet. Die Nationalstaatsbildung verhieß die Autonomie eines staatlichen Gebildes nach außen und die Emanzipation der Gesellschaft nach innen. Doch erst in der Französischen Revolution zerbarst die feudale Grundstruktur, die immer noch innere Ordnung des Nationalstaats war. Als Staatsbürger – als citoyen – wurden alle Menschen gleichgesetzt.

Der Begriff der Nation hatte dabei durchaus einen fortschrittlichen, demokratischen Klang – gleichsam ein Kampfbegriff des Bürgertums gegen den feudalen Absolutismus. Von sich selbst sprach Louis XIV stets im Pluralis majestatis. Aus ihm sprachen ja auch alle Untertanen, die er als eine Art von persönlichem Eigentum betrachten durfte. »Wir sind das Volk« hätte damals nur er sagen können. Doch an seinem wohl berühmtesten Ausspruch: »L'état, c'est moi«, fällt auf, daß er ausgerechnet hier den Singular gebraucht. Mit dem Staat brachte er seine Untertanen ganz offensichtlich nicht in Verbindung. Der Staat sollte allein seine Sache sein. Ist es verwunderlich, daß diese Arroganz der Macht seinen Nachfahren Louis XVI den Kopf kostete? Das Bürgertum hat den Herrschern von Gottes Gnaden »ihre Sache«, den Staat, entrissen und an die Nation gegeben. Ohne jeden Zweifel also hatte der Nationalstaat in der Geschichte eine fortschrittliche Funktion.

Der Primat des Staats nach außen und der Primat der Gesellschaft nach innen – dies waren die Prinzipien der Französischen Revolution. Das 1789 geborene republikanische Modell beruhte auf einer Leitidee: Jeder einzelne Mensch sollte souverän über sich entscheiden können. Basis dieser Idee war eine vertragliche und universalistische Konzeption der Nation: Die Nation wird als eine Gemeinschaft von Staatsbürgern verstanden, die sich stillschweigend durch eine Art Sozialvertrag gegenseitig verpflichten. Jeder Mensch, gleich welcher Herkunft, kann, sofern er sich als citoyen berufen fühlt, diesem Sozialvertrag beitreten und Teil der Nation werden. Ein solcher Universalismus ist ganz und gar politischer Natur. Der Begriff der Nation bestimmt dann auch nur die politische Identität eines Volks, nicht etwa eine moralische, ethnische, kulturelle oder wie auch sonst immer geartete Identität. Als sich die französische Nation konstituierte, sprach die Mehrheit der »citoyens« nicht Französisch. Auf eine gemeinsame Sprache konnte man sich also nicht berufen. Auch eine gemeinsame Abstammung wollten die französischen Revolutionäre nicht beanspruchen, da sie die Freiheit, Gleichheit und Brüderlichkeit aller Menschen auf ihre Fahnen geschrieben hatten. Diese Ideale der Aufklärung sind universale Werte, sind in den Grenzen nationaler Befangenheit nicht zu definieren. Ähnlich wie die französische versteht sich auch die amerikanische Nation als eine Gemeinschaft von Menschen, die sich zu denselben Zielen bekennen und an denselben Werten orientieren, ohne dafür eine gemeinsame Abstammung anführen zu können. Die Vereinigten Staaten von Amerika sind ein ethnischer Schmelztiegel, und dennoch hat kein amerikanischer Politiker Schwierigkeiten, von der amerikanischen Nation zu sprechen. Wiewohl man einen solchen Nationenbegriff als französische Konzeption bezeichnet hat, kann er doch genauso gut Grundlage für jede andere demokratische Gesellschaftsordnung sein, weil er auf den universalistischen Ideen der Aufklärung fußt.

Dieser universalistischen Konzeption steht eine andere gegenüber, in der die Nation nicht auf die Zukunft hin, sondern aus der Vergangenheit heraus bestimmt wird. In einer solchen Konzeption kann der einzelne nicht selbst bestimmen, ob er zur Nation gehören will oder nicht. Vielmehr haftet seine Nationalität an ihm wie ein Geburtsmal. Politisch ist ein solcher Nationenbegriff nicht. Durch ihn wird die Staatsbürgerschaft – die »citoyenneté« – nicht begründet, sondern begrenzt. Die Staatsbürgerschaft wird an Voraussetzungen geknüpft, die nicht mit der stillschweigenden Einwilligung in einen Sozialvertrag, sondern mit dem ererbten Charakter, mit dem Territorium, mit der Sprache, mit dem Glauben, mit der ganzen Herkunft zusammenhängen.

War die Auffassung von der Nation als eine politische Körperschaft eine französische Erfindung, so fand die Konzeption der Nation als organische kulturelle Einheit vor allem in Deutschland Anklang. Schlegel oder Novalis etwa haben einen eher mystischen Nationenbegriff geprägt: Sie verstanden die Nation als geistige Einheit eines Volks, gleichsam ein Ausdruck der Andersartigkeit anderen Völkern gegenüber. »Es ist und bleibt der Stolz der Nation, zur anderen nicht zu gehören«, spottet Karl Kraus im Jahre 1920. Schlegel sieht in der gemeinsamen Sprache »das festeste, dauerhafteste Band..., das die Nation... in unauflöslicher Einheit zusammenhält«. Auch Ernst Moritz Arndt, dem seine aufgeklärte Epoche gar nicht behagte und der literarischen Protest einlegte gegen die Auflösung der natürlichen Kräfte des Volks, gegen die Zerstörung des Gefühls durch den Rationalismus, hat auf die Frage, was des Deutschen Vaterland sei, die Antwort gegeben: »Soweit die deutsche Zunge klingt (und Gott im Himmel Lieder singt).« Selbst Kant, der Aufklärer, der ja wahrlich kein »Nationalist« war, hat die Nation definiert als »diejenige Menge oder auch der Teil derselben, welcher sich durch gemeinschaftliche Abstammung für vereinigt zu einem bürgerlichen Ganzen erkennt«.

Zwar haftete einer solchen Konzeption, mit der die Nation auf eine gemeinsame Sprache oder eine gemeinsame, ethnisch geprägte Geisteshaltung zurückgeführt wird, gegenüber dem aufgeklärten bürgerlich-republikanischen Nationenbegriff der Französischen Revolution immer schon etwas Reaktionäres an, aber sie war doch wenigstens noch nachvollziehbar in einer Zeit, als die Horizonte für die meisten Menschen begrenzt waren. Aus dem eigenen Sprachraum kam bis zum Ende des neunzehnten Jahrhunderts kaum jemand heraus. Kant hat sich nie weiter als 15 Kilometer von seiner Heimatstadt Königsberg entfernt. Reisen wie die Goethes nach Italien oder Alexander von Humboldts zu noch ferneren Zielen waren die große Ausnahme. Es gab weder das Flugzeug, das die Menschen in andere Länder bringt, noch das Fernsehen, das die anderen Länder zu den Menschen bringt. Keine Frage also, daß die Erfahrungen der Menschen stark oder ausschließlich an ihre Sprachgemeinschaft gebunden waren. Wer aber heute, in einer Zeit globaler Arbeitsteilung und Verkehrsbeziehungen, inmitten einer die ganze Welt umspannenden Informationsgesellschaft an einem solchen »völkischen« Begriff der Nation festhält, wird den Weg in die Zukunft verfehlen.

Auch der Begriff der Nation scheidet in Deutschland die politische Linke von der Rechten. In dem Maße wie sich die eine, die »deutsche« Auffassung stärker am gemeinsamen kulturellen Erbe orientiert, sind auch die politischen Entscheidungen, die darauf fußen, rückwärts gewandt. Und in dem Maße, wie die andere, die »französische« Auffassung den Vorgriff auf eine gemeinsame Zukunft impliziert, gehört zu ihr auch das Motiv für eine vorwärtsweisende Politik. Natürlich weiß ich, daß man in allen demokratischen Parteien Anhänger der einen wie der anderen Auffassung finden wird. Dennoch glaube ich, daß sich die deutschen Parteien entlang einer den Mehrheitsauffassungen entsprechenden Grundströmung eindeutig einem rechten oder linken politischen Lager zuordnen lassen.

Auch Heiner Geißler und seine Freunde in der CDU ändern nichts daran, daß für die Union ein Nationenbegriff bestimmend ist, der sich ungeachtet der weltweiten sozialen und kulturellen Veränderungen nach wie vor an der ethnischen Abstammung ausrichtet. Solch unzeitgemäße Auffassungen bringen es mit sich, daß man meint, die Deutschen vor einem »Bevölkerungsgulasch« warnen zu müssen. »Wir wollen kein Land mit mehreren gleichberechtigten Kulturen nebeneinander« – so klar und deutlich lautete die Antwort von Karl Dietrich Spranger, parlamentarischer Staatssekretär im Bundesinnenministerium, auf Heiner Geißlers Werben für eine »multikulturelle Gesellschaft«. Edmund Stoiber, bayerischer Innenminister, setzte gar noch eins drauf und malte das Gespenst einer »durchraßten« und »durchmischten« Gesellschaft an die Wand. Und last but not least stellte Alfred Dregger am 29. 11. 1988 vor seiner Bundestagsfraktion kurz und bündig fest, daß eine multikulturelle Gesellschaft mit der Wahrung der nationalen Identität nicht vereinbar sei. Was würde man wohl in den Vereinigten Staaten auf solchen Unsinn antworten? Und sind nicht gerade diese Vereinigten Staaten das politische Leitbild der CDU/CSU? Ob jemand, der solche Reden führt, es ernst meinen kann mit dem »C« im Parteinamen? Das Christentum ist zugleich Verpflichtung auf eine universale Wertorientierung. Brüder und Schwestern sind nach der christlichen Lehre nicht nur die Landsleute im anderen Teil Deutschlands, sondern auch die Hungeropfer in der Sahel-Zone Afrikas. Ich habe aber selten einen Politiker der christlichen Rechten gehört, der von diesen Menschen öffentlich als von Brüdern und Schwestern gesprochen hätte, es sei denn auf Kirchentagen. Offensichtlich gibt es Brüderlichkeit und Schwesterlichkeit für sie nur innerhalb der Volksgemeinschaft.

Vor einiger Zeit habe ich einmal versucht, diesen Widerspruch in der Politik der Christlich-Konservativen zu thematisieren. Angesichts des Zustroms von Aussiedlern, Übersiedlern und Asylantragstellern in die Bundesrepublik habe ich damals gegen eine falsch verstandene Deutschtümelei, für die Ideale des Christentums und des Humanismus plädiert: Nicht die Abstammung, sondern existentielle Betroffenheit und Hilfsbedürftigkeit sollten das Kriterium für unsere Hilfsbereitschaft sein. Daß sich die »Deutsche Nationalzeitung« darüber erregte, hat mich nicht sonderlich verwundert. Daß aber der CDU-Vorsitzende dies ekelerregend fand, kam mir doch sehr merkwürdig vor.

Während die Vorstellung von einem auf der kulturellen Volkszugehörigkeit beruhenden Nationenbegriff einer Logik der Ausgrenzung folgt, wohnt dem anderen Nationenbegriff, der einen sozialen und bürgerschaftlichen Konsens voraussetzt, eine Logik der Integration inne. Dieser inneren Logik der Begriffe entsprechen auch die jeweiligen politischen Forderungen: Integration ist die Losung der einen, der Linken; Ausgrenzung die der anderen, der Rechten. Da alle Zeichen des sozialen Wandels auf einen Prozeß globaler Integration hinweisen, ist eigentlich offenkundig, welche Position die zukunftsweisende und welche die rückwärtsgewandte ist.

Es ist alles andere als ein Zufall, daß die Slogans des deutschen November diesen Unterschied zwischen »französischem« und »deutschem« Nationenbegriff widerspiegelten. »Wir sind das Volk« war eine republikanische Parole, die an den bürgerschaftlich-demokratischen Geist der Französischen Revolution anknüpfte – gleichsam ein universaler Schlachtruf gegen jegliche politische Unterdrückung. »Wir sind das Volk« hätten die Demonstranten aller anderen Länder Osteuropas genauso gut rufen können.

Als die französischen Revolutionstruppen im September 1792 nach der Kanonade von Valmy in den Ruf ausbrachen: »Es lebe die Nation«, meinten sie exakt, was sie riefen. Nicht die französische Nation allein wollten sie hochleben lassen, nicht »ihre« Nation, sondern »die« Nation schlechthin – alle Nationen. »Es lebe die Nation« sollte heißen: »Es lebe die Demokratie.« Der Augenzeuge Johann Wolfgang von Goethe hörte diesen universalistischen Unterton sehr wohl heraus. Er hat sich nicht getäuscht, als er damit den Anfang einer neuen Epoche der Weltgeschichte gekommen sah.

»Wir sind das Volk« war ebenfalls eine universalistische Losung. Sie bedeutete: »Wir haben ein Anrecht auf Demokratie.« Als dann die Demokratie greifbar, die Demonstrationen gefahrlos waren, schlug die universalistische Losung um in: »Wir sind ein Volk.« Die Menschen in der DDR hofften, daß die staatliche Einheit ihnen bald den Wohlstand bringen würde, den die Bundesbürger wie selbstverständlich besitzen.

Nicht jeder ist einverstanden, wenn die Parole »Wir sind ein Volk« so materialistisch gedeutet wird. Aber mir ist diese Interpretation sympathischer als andere. Der Wunsch der Menschen in der DDR, nach 40 Jahren Zwangs- und Mißwirtschaft endlich an einem der persönlichen Leistung angemessenen Wohlstand teilzuhaben, ist nur allzu berechtigt. Gewiß schwingt in dieser Parole vom »einen« Volk auch eine gute Portion herkömmlichen Nationalbewußtseins, wenn nicht gar Nationalstolzes mit. Aber diesen Aspekt zu sehr zu betonen, hieße, das Erwachen eines neuen deutschen Nationalismus zu beschwören. Wenn dem wirklich so wäre, wenn sich hinter dem Schlagwort vom »einen« Volk mehr nationales Pathos denn pragmatisches Interesse versteckte, dann müßte man ja in der Tat wie Heiner Müller befürchten, daß als nächstes der Ruf wieder laut werden könnte: »Wir dulden keine anderen Völker neben uns.« Dagegen spricht vieles. Denn die gewiß vorhandenen ausländerfeindlichen Tendenzen in der DDR haben zumeist materielle Gründe, vor allem die Angst um Arbeitsplätze, die auch mit Ausländern besetzt werden können. Ich gehöre nicht zu denen, die die Gefahren eines neuen Nationalismus in Deutschland unterschätzen. Nach wie vor gilt es, wachsam zu sein. Aber ich glaube auch an die demokratische Kraft, die sich seit 1945 in Deutschland entwickelt hat. Ich denke, daß auch die Deutschen inzwischen gelernt haben, was Demokratie in der Praxis bedeutet: innergesellschaftliche Konflikte gewaltlos auszutragen, Kompromisse zu suchen, die Interessen nüchtern gegeneinander abzuwägen. So gesehen ist es beruhigend, daß sich der Slogan »Wir sind ein Volk« aus materiellem Interesse speist. Ob dies die Absicht der Stichwortgeber aus dem Konrad-Adenauer-Haus war, vermag ich nicht zu sagen. Doch offensichtlich hat es der pathetische Nationalismus in einer durch den Konsumismus geprägten Welt nicht mehr ganz so leicht – in einer Welt, in der kulturelle Eigenheiten durch gleichförmiges Konsumverhalten langsam eingeebnet werden.

So unterschiedlich wie die Konzeptionen dessen, was Nation bedeutet, sind nicht nur die politischen Strategien, so unterschiedlich sind auch die gesellschaftlichen Muster der nationalen Identitätsbildung, die in den jeweiligen Konzeptionen wurzeln. Jede Gruppe, deren Mitglieder sich zur gegenseitigen Unterstützung, zum gemeinsamen Kampf gegen eine äußere Bedrohung verpflichtet haben, entwickelt über kurz oder lang einen Verhaltenskanon, den die einzelnen verinnerlichen. Auf diese Weise entsteht eine kollektive Identität. In dem Maße, wie die Funktion der Schutz- und Überlebenseinheit von den Stammes- oder Familienverbänden auf den Nationalstaat überging, wurde die Nation zum Träger einer solchen Wir-Identität. Infolge des geregelten Zusammenlebens in einer Nation, häufig noch begünstigt durch eine gemeinsame Sprache, konnte sich so etwas wie ein Nationalcharakter herausbilden, gewissermaßen ein mehr oder weniger ausgeprägter, in wesentlichen Aspekten übereinstimmender sozialer Habitus. An ihrem Gehabe erkennt man die, die dazugehören. Ein gemeinsamer Habitus stärkt das solidarische Bewußtsein.

Früher, in den wenig differenzierten Gesellschaften, war der soziale Habitus wohl recht einschichtig. Heute, in der komplexen modernen Gesellschaft, ist er so vielschichtig geworden, wie es dort viele ineinander verschachtelte Integrationsebenen gibt: Zieht man zum Beispiel die kontinentale, die nationalstaatliche und die regionale Integrationsebene in Betracht, dann wird man vom sozialen Habitus eines bretonisch-französischen Europäers beziehungsweise eines schwäbisch-deutschen Europäers sprechen können. So vielschichtig der soziale Habitus sein mag, es gibt dennoch dominierende Verhaltensmuster und Identitätsmerkmale – und sie scheinen auf die nationalstaatliche Integrationsebene bezogen zu sein. Das »Deutsche« oder das »Französische« prägt das Bewußtsein der Menschen stärker als das »Bretonische«, das »Schwäbische« oder das »Europäische«. Aus solchen Dominanten erwächst der Nationalcharakter. Daß die Bezüge zur nationalstaatlichen Integrationsebene überwiegen, kann nicht weiter verwundern, denn noch immer existiert im Bewußtsein der Menschen der Nationalstaat als ein Garant des Überlebens.

Daß dieses Bewußtsein nicht mehr ganz der Realität entspricht, steht auf einem anderen Blatt: In Anlehnung an Norbert Elias' Theorien habe ich im vorangegangenen Kapitel von einem Nachhinkeffekt der gesellschaftlichen Wahrnehmung hinter den tatsächlichen Veränderungen der Gesellschaft gesprochen. Ein solcher Nachhinkeffekt gilt nicht minder für das, was wir gemeinhin Nationalbewußtsein nennen.

Als sich die modernen Nationalstaaten entwickelt haben, blieb die Wir-Identität der Menschen ebenfalls noch eine Zeitlang hinter der tatsächlichen Entwicklung zurück, blieb noch eine ganze Weile den vor-staatlichen sozialen Einheiten, den Stammes- oder Sippenverbänden verhaftet. Wenn nicht alles täuscht, widersetzt sich die nationalstaatliche Wir-Identität einer weitergehenden, transnationalen Integration erheblich stärker als seinerzeit die Stammesidentität der nationalstaatlichen Integration. Je komplexer die sozialen Einheiten, zu denen die Gesellschaft zusammenwächst, um so langsamer bildet sich offenbar eine neue Wir-Identität, die der institutionellen Entwicklung auf einer höheren Integrationsstufe entspricht. So gesehen ist es nur logisch, wenn sich die europäische Identität der Spanier, Franzosen, Italiener oder Deutschen langsamer entwickelt als die gemeinsamen Institutionen, die diese höhere Integrationsstufe politisch repräsentieren. Jede weitergehende Integration ist mit einem Teilverlust an früherer Identität verbunden. Um sich in erster Linie als Europäer verstehen zu können, müßten Spanier, Franzosen, Italiener oder Deutsche einen Teil ihres jetzigen Selbstverständnisses aufgeben. Gerade das aber fällt niemandem leicht. Im Gegenteil, das Bewußtsein widersteht dem Sein. Dieser Widerstand gegen ein neues Selbstverständnis ist natürlich auch mit geprägt durch die Generationszugehörigkeit; jüngere Menschen haben weniger Schwierigkeiten mit der Aufhebung ihrer nationalen Identität als die Generation Helmut Kohls.

Seit Jahrhunderten leben die Europäer in verschiedenen Nationalstaaten. Im Laufe der Zeit hat sich die Persönlichkeitsstruktur der einzelnen Menschen auf das Zusammenleben in dieser spezifischen Form eingestellt. Die notwendige allmähliche Abstimmung der Ich-Identität mit der Wir-Identität hatte eine gefühlsbetonte Bindung zur Folge. Die gemeinsame Sprache festigte diese Bindung noch. Da sich der soziale Habitus der Menschen in Bezug auf das Zusammenleben in einem nationalstaatlichen Rahmen entwickelt hat, entspricht ihm der Nationalstaat als formal unabhängige Überlebenseinheit natürlich am meisten. Also hält er am Vertrauten fest, widersetzt sich einer weitergehenden, transnationalen Integration. Nicht die strategischen, nicht die wirtschaftlichen Probleme sind die höchsten Hindernisse auf dem Weg zur europäischen Vereinigung, sondern die von Nationalität zu Nationalität unterschiedlichen Gewohnheiten und Traditionen, aus denen stark gefühlsgeladene Wir-Identitäten entstanden sind. Es ist ja kein Zufall, daß die wirtschaftliche Vereinigung Europas der politischen vorauseilt. Konflikte wirtschaftlicher Interessen kann man mit Hilfe von Kompromissen überwinden. Aber wenn es um die eigene, individuelle oder kollektive Identität der Menschen geht, wenn starke Gefühlsbindungen im Spiel sind, wie soll man da zu Kompromissen finden? Die Überlebenseinheit, die der Nationalstaat über lange Zeit für seine Bürger war, ist emotional besetzt. So entstand auch eine emotionale Sperre gegen die Einsicht, daß der Nationalstaat dieser Funktion nicht mehr gewachsen ist. Unser herkömmliches Selbstverständnis verteidigen wir – zum Teil unbewußt – mit erstaunlichem Eigensinn und Beharrungsvermögen.

Der Widerstand dagegen, den Nationalstaat in einer größeren Überlebenseinheit aufzulösen, hängt mit dem Empfinden zusammen, »daß das Verblassen und erst recht das Verschwinden eines... Staates als einer autonomen Einheit eine Sinnentleerung alles dessen bedeutet, was die vergangenen Generationen im Rahmen und im Namen dieser Überlebenseinheit getan und gelitten haben«, schreibt Norbert Elias (Die Gesellschaft der Individuen, Frankfurt am Main 1987, S. 296). Dieses kulturelle Erbe ist ein Teil der gesellschaftlichen Wir-Identität. Es gibt dem einzelnen Individuum eine Geschichte, die weit über seine persönliche Biographie hinausreicht. Und es läßt die früheren Generationen in der Erinnerung der Lebenden weiterexistieren. Auch im Sinne einer solchen kulturellen und geistigen Kontinuität spielt der Nationalstaat die Rolle der Überlebenseinheit. Ohne kollektives Gedächtnis wäre eine kulturelle Wir-Identität kaum möglich. Viele soziale Verhaltensweisen, die auf das Zusammenleben in einem Nationalstaat zugeschnitten waren, würden auf einer »höheren« Integrationsebene jeden Sinn verlieren. Das kollektive Gedächtnis muß diese Sinnentleerung als Verlust empfinden. Dementsprechend abwehrend, das heißt mit Trauer, reagieren die Menschen auf eine weitergehende Integration selbst dann noch, wenn der Verstand die Vorteile der neuen Ordnung durchaus begreift.

In den letzten Jahren ist viel von Sinnkrise die Rede gewesen und davon, wie Menschen diese Krise verarbeiten. Es sind ja nicht wenige, die den Verlust an traditioneller Wertorientierung dadurch kompensieren, daß sie zu Ersatzritualen Zuflucht nehmen. Sie suchen einen neuen Halt in religiösen oder pseudoreligiösen Sekten oder sektenähnlichen Bewegungen. Auch der religiöse Fundamentalismus, in dessen Namen derzeit ganze Völker terrorisiert werden, ist eine Reaktion auf die zunehmende Sinnentleerung traditioneller Werte in der modernen Gesellschaft. Sinnkrisen sind symptomatisch für jede gesellschaftliche Übergangsphase. Sie zeigen an, daß alte Bindungen sich auflösen und neue gesucht werden. Aber nicht weniger symptomatisch ist die Art und Weise, wie die Menschen auf solche Sinnkrisen reagieren. An den Ersatzritualen und Fluchtbewegungen läßt sich ablesen, wie mehr oder weniger stark die Menschen solcher emotionaler Bindungen bedürfen. Selbstverständlich wächst mit der Intensität der Bedürfnisse auch die Beharrlichkeit der Gefühle.

Es fällt nicht schwer, aus der Psychologie der Völker zu erklären, warum die kollektive Identität der meisten Menschen dem tatsächlichen Integrationsniveau der Gesellschaft hinterherhinkt, warum allen gegenläufigen Tendenzen zum Trotz der Nationalstaat von vielen noch immer als quasi unabwendbarer, naturgegebener Bezugsrahmen der Wir-Bindungen und der gesellschaftlichen Solidarität hingenommen wird.

Auf die Dauer aber werden die Kräfte der Veränderung stärker sein als die Kräfte des Beharrens. Das Bewußtsein der Menschen wird nachziehen. So stark die emotionalen Bindungen an den Nationalstaat sein mögen, die gesellschaftlichen Entwicklungen tragen dazu bei, sie abzuschwächen. Die Einheitszivilisation der Industrienationen verwischt die spezifischen Wir-Bilder, gleicht die kulturellen Identitäten einander an. Der Konsumismus ebnet die Verhaltensweisen über alle Grenzen ein. Coca Cola ist ein Symbol für den Einheitsgeschmack. Moderne Kommunikations- und Verkehrsmittel heben die Distanzen auf, selbst in den entferntesten Winkeln der Erde wird es immer schwieriger, kulturelle Andersartigkeit zu bewahren. Die Individualisierung lockert die Bindungen des einzelnen an die soziale Einheit, unter deren Schutz er lebt. Zusehends emanzipiert sich das Individuum vom Staat. In den reichen Industrienationen ist diese Emanzipation am weitesten fortgeschritten. Es zeigen sich erste Ansätze einer internationalen Solidarität, die keiner staatlichen Vermittlung mehr bedarf. Menschen beweisen ihre spontane Hilfsbereitschaft, wenn irgendwo auf der Erde andere Menschen Opfer einer Katastrophe werden. Nicht zuletzt die Emphase, mit der seit einiger Zeit auch gegen jede Staatsräson für die Menschenrechte gekämpft wird, zeigt, daß die Wir-Bilder sich zu verschieben beginnen – weg vom Nationalstaat hin zur Menschheit insgesamt.

Gewiß tragen auch politische Entscheidungen zu einer solchen Veränderung des Bewußtseins der Menschen bei. Nach dem verlorenen Krieg hat Konrad Adenauer die Bundesrepublik fest an den Westen gebunden. Die Werte der westlichen Demokratien, insbesondere die der Vereinigten Staaten, wurden zum Leitbild der westdeutschen Gesellschaft. Diese Westorientierung der Bundesrepublik hat viel dazu beigetragen, das Bewußtsein der Deutschen auf Europa einzustimmen. Eine Gesellschaft, die während des Dritten Reichs auf nationale Größe und auf die eigene Auserwähltheit abgerichtet wurde, mußte relativ kurzfristig umlernen. Ohne Brüche war das nicht möglich: Der berechtigte Stolz auf die wirtschaftliche Leistung des Wiederaufbaus war mitunter nur ein bequemer Vorwand, um die Vergangenheit zu verdrängen.

Dagegen haben die Nachkriegsgenerationen Mitte der 60er Jahre rebelliert. Aber die Studentenrevolte war mehr als ein kurzatmiger Protest. Zwar blieb sie immer ein Anliegen von Minderheiten, doch half auch sie, eine mitteleuropäische Identität auszubilden. Sie lieferte ein Modell für spätere soziale Bewegungen in ganz Europa. Die Friedensbewegung, die Ökologiebewegung und auch die Frauenbewegung haben – in ihrer Attitüde mehr denn in ihrer Argumentation – an die Studentenbewegung der 60er Jahre angeknüpft. All diese Bewegungen gehören noch heute zum Alltag der Gesellschaft.

Die Ursachen des sozialen Wandels sind auch Ansätze für eine neue kollektive Identität. Je komplexer nämlich die Gesellschaft – darauf habe ich schon hingewiesen –, desto vielschichtiger ist diese Identität. Beim Übergang in eine umfassendere, weiter differenzierte soziale Einheit geht es also nicht darum, die der »höheren« Integrationsebene entsprechende Wir-Identität von Grund auf neu zu bestimmen, sondern lediglich darum, die Dominanten innerhalb des vielschichtigen Wir-Bildes zu verschieben: Der europäische Deutsche könnte zum deutschen Europäer werden. Das wäre nur folgerichtig, haben sich doch bisher die Dominanten des Wir-Bildes stets nach oben, auf eine höhere Integrationsebene verschoben. Aber muß das weiterhin so sein? Könnte sich nicht die kollektive Identität auch an einer niedrigeren Integrationsebene ausrichten? Könnte nicht der schwäbische Deutsche auch zum deutsch-europäischen Schwaben werden? Auch dafür gibt es gute Argumente.

In der Vergangenheit hat sich die kollektive Identität einer sozialen Einheit stets gegen andere soziale Einheiten herausgebildet. Zum Schutz der eigenen Bevölkerung vor fremden Übergriffen sind auch die Nationalstaaten gegeneinader gegründet worden. Wer sich als Deutscher verstand, konnte eben nicht zugleich Franzose, Däne oder Engländer sein. Und es war dann nur noch ein kleiner Schritt von der Feststellung der eigenen Andersartigkeit zu ihrer Verherrlichung. Das schlichte National*bewußtsein* ist oft genug in emphatischen National*stolz* umgeschlagen. Es ist traurig, aber wahr, daß häufig Kriege eine Katalysatorfunktion dabei hatten, wenn Nationalbewußtsein entstand, also die gefühlsbetonte Identifikation mit dem Nationalstaat. Mehr als ein Nationalstaat ist aus dem Krieg und für den Krieg geboren worden. Schon der Aufklärer Kant hat den verhängnisvollen Zusammenhang zwischen Nationalstolz und Völkerkonflikt beklagt: »Weil es eine Absicht der Vorsehung ist, daß Völker nicht zusammenfließen, sondern durch zurücktreibende Kraft untereinander im Konflikte seien, so ist der Nationalstolz und Nationalhaß zur Trennung der Nationen notwendig... Regierungen sehen diesen Wahn gern. Dieses ist der Mechanismus in der Welteinrichtung, welcher uns instinktmäßig verknüpft und absondert. Die Vernunft gibt uns anderseits das Gesetz, daß, weil Instinkte blind sind, sie die Tierheit an uns zwar dirigieren, aber durch Maximen der Vernunft müssen ersetzt werden. Um deswillen ist dieser Nationalwahn auszurotten, an dessen Stelle Patriotismus und Kosmopolitismus treten muß.«

Wenn es stimmt, daß Gruppenantagonismus die Bildung der jeweiligen Gruppenidentität erleichtert, dann wird es in Zukunft den Menschen schwerer fallen, auf einer »höheren« Integrationsebene eine neue Wir-Identität zu finden. Da als neue Überlebenseinheit allein die gesamte Menschheit in Frage kommt, gegen wen sollte sich diese soziale Einheit noch abheben?

Also wird es in Zukunft andere Quellen der Identitätsstiftung geben müssen, als die der Abgrenzung. Ich kann mir gut vorstellen, daß sich die Wir-Identität, die sich derzeit noch im Nationalstaat kristallisiert, mit fortschreitender gesellschaftlicher Integration auflöst, daß sie sich aber nicht wie früher ganz auf die größere Einheit verlagert, sondern sich gleichsam aufspaltet nach »oben« und nach »unten«. Mit anderen Worten: Ein mehr oder weniger großer Bereich der kollektiven Identität wird weiterhin auf die Nation bezogen bleiben – allein schon aufgrund der gemeinsamen Sprache –, eine neue, von der transnationalen Organisation der Gesellschaft ausgehende, vor allem politische Identität wird hinzukommen, während sich der gefühlsbetonte Teil des Wir-Bildes der Menschen mehr an der regionalen Integrationsebene ausrichten wird, also an einer kleineren Einheit als der des Nationalstaats.

Lothar Späth ist der Ansicht, daß sich in Zukunft auch die politische Macht vom Nationalstaat weg nach oben – auf die europäische Ebene – und nach unten – auf die regionale Ebene – verlagern wird. Am 11. 5. 1989 sagte er in Saarbrücken: »In Europa gibt es zwei Entwicklungen. Das eine sind Makro-Fragen, die sind alle europäisch. Und die anderen sind Mikro-Fragen, die sind alle regional. Vor kurzem hat mir einer der Bonner Waffenträger gesagt, mit euch Ministerpräsidenten geht es langsam bergab, wenn ich nach Europa sehe. Ihr werdet so etwas wie die Landräte von Europa. Da habe ich gesagt, ich sehe das ganz anders. Die Frage ist, was machen wir dann mit euch? Ihr sitzt da auf der Nationalratsbank, Zweite Kammer, trefft euch jeden Freitag und könnt den Gesetzen zustimmen oder sie ablehnen, aber zu sagen habt ihr nichts mehr. Ist es nicht eine der faszinierendsten Ideen, daß die alten Nationalstaaten keine Bedeutung mehr haben. Ich halte es für eine ganz interessante Entwicklung, daß wir vielleicht eines Tages sagen können, nicht die Nation, aber die Nationalstaaten alter Prägung, was wollen sie denn noch bewirken?« Dieser Vision eines »Europas der Regionen« hält Helmut Kohl offensichtlich die von Charles de Gaulle inspirierte Konzeption eines »Europas der Vaterländer« entgegen, eine Konzeption also, die möglichst viel an traditionell-nationalstaatlicher Herrlichkeit in das vereinte Europa hinüberzuretten versucht.

Schon während der großen Revolution von 1789 hat ihr schwärmerischer Anhänger Anarchasis Cloots vorgeschlagen, man solle die Bezeichnung »Franzose« ersetzen durch die Bezeichnung »Normanne« oder »Burgunder«. Damals, als noch die Nation Trägerin des Fortschritts war, kam sein Begehren zu früh. Heute aber, da der Nationalstaat von den gesellschaftlichen Entwicklungen schon überholt ist und den Fortschritt mehr behindert denn begünstigt, hat diese Überlegung eine völlig andere Qualität: in einem Europa der Regionen ist sie zeitgemäß.

In dem Maße, wie die gesellschaftliche Entwicklung unter dem Vorzeichen der Integration steht, in dem Maße also, wie die Vereinigung Europas sich mehr und mehr als einzig sinnvolle politische Perspektive offenbart, stellt sich folgendes heraus: Nicht der »deutsche«, auf dem ethnischen und kulturellen Erbe fußende, ausgrenzende Nationalstaatsgedanke, sondern der aufgeklärt-republikanische, universalistische Nationenbegriff der Französischen Revolution muß die politische Leitidee dieser Vereinigung sein. Mit stillschweigender Einwilligung aller Europäer in einen gesamteuropäischen, ökologisch-sozialstaatlichen Gesellschaftsvertrag würden sich auch die Wir-Bilder auf die größere Einheit verlagern lassen. Es könnte auf europäischer Ebene entstehen, was Jürgen Habermas einen »Verfassungspatriotismus« genannt hat.

Natürlich wäre eine solche europäische Wir-Identität in erster Linie politisch bestimmt, aber dabei müßte es – ähnlich wie in den USA – nicht bleiben. Am 25. Februar 1972 hat Carlo Schmid anläßlich der ersten Beratung der Ostverträge im Deutschen Bundestag eine große Rede gehalten. Er sagte: »Eine Nation kann man nicht durch Vertragsartikel dekretieren und auch nicht durch Vertragsartikel wegdekretieren. Das entscheidende ist: nicht Verträge von Staat zu Staat schaffen die Nation, sie wird zu sich selber dadurch, daß die Menschen eines Landes als Nation leben wollen, daß sie entschlossen sind, als Gemeinschaft zu handeln und zu leiden, weil sie gemeinsam ihre Seele in bestimmten Menschheitswerten entdecken und diese auch auf ihrem Gebiet verwirklichen wollen. Das macht die Nation aus: Sie ist ein Plebiszit, das sich jeden Tag wiederholt... Natürlich müssen wir zu Europa kommen. Aber wenn dieses Europa wirklich Europa sein soll, wird es eines schönen Tages eine Nation Europa geben müssen. Bis dahin wird es nur ein Zusammenschluß, ein Verband von Staaten sein können. Um eine wirklich geschichtsmäßige, politische Kraft werden zu können, wird es die ›Nation Europa‹ brauchen.«

In dem zukünftigen Wir-Bild des Europäers könnte sich ein Europa der Regionen widerspiegeln. Die verschiedenen Identitätsschichten – regionale oder europäische Identität – könnten sich in einem solchen Wir-Bild gleichberechtigt ergänzen, die eine eher kulturell bestimmt, die andere eher politisch.

V. Integration und Ausgrenzung: droht ein neuer Nationalismus in Deutschland?

Das Ende der Nachkriegszeit, das Ende des Ost-West-Konflikts erhellt den Blick auf viele große Probleme, der von einer bipolaren Weltsicht immer verstellt worden war. Und wie jedes befriedigte Bedürfnis nur ein neues gebiert, bringt jedes gelöste Problem ein neues hervor.

Der ökonomische Streit, welches Wirtschaftssystem in entwickelten Ländern eine bessere Perspektive für grundlegende Reformen bietet, ist entschieden. Im Streit um die innere Ordnung der Staaten zeigen sich gemeinsame Fundamente: Menschenrechte und Prozesse demokratischer Willensbildung sind die gleichrangigen Werte, an denen sich Regierungen messen lassen müssen. Zwar gilt auch jetzt noch, daß nur ein geringer Teil der in der UNO zusammengeschlossenen Staaten »Demokratien« in unserem Sinne sind, aber es gilt auch, daß die entwickelten Gesellschaften diesen Staaten die Zukunftsmelodie vorspielen. Die Idee von der »Evolution der Gattung« nimmt Konturen an, die der Realpolitik den Weg weisen.

Manch ein Konflikt, der zu Zeiten des Kalten Krieges und der nachfolgenden Zivilisierung der Auseinandersetzung zwischen Ost und West verdrängt worden war, tritt jetzt in den Vordergrund. Jenseits aller ideologischen Differenzen werden Spannungen deutlicher, die das Wohlstandsgefälle zwischen den Süd- und den Nordstaaten hervorgebracht hat. Und Konflikte, von denen wir lange Zeit glaubten, wir hätten sie bewältigt, brechen aufs Neue auf. Die antijüdische, antichristliche, antiwestliche Stoßrichtung des vom Diktator Saddam Hussein erklärten »Heiligen Krieges« findet durchaus Anklang bei vielen arabischen Menschen.

In Folge der fortschreitenden Demokratisierung Mittel- und Osteuropas sind neue Probleme entstanden. Die Öffnung der Grenzen in und zwischen den Ländern hat die Auswanderungschancen schneller verbessert, als in so kurzer Zeit die Zustände beseitigt werden konnten, deretwegen diese Menschen ihrer Heimat den Rücken kehren. Die Verfolgung durch den stalinistischen Staat aus politischen oder religiösen, manchmal auch rassischen Gründen nimmt ab oder ist schon gänzlich gestoppt. Fluchtgründe dieser Art entfallen also. Dennoch nimmt die rassische und ethnische Diskriminierung innerhalb der Gesellschaft in manchen Ländern zu. Noch schwerer wiegt das Wohlstandsgefälle zwischen den ost- und westeuropäischen Ländern. Für die Lebensperspektiven eines jetzt 30 bis 40jährigen Menschen ist die Frist, innerhalb derer er auf Verbesserung hoffen kann, zu lang. Deshalb ist mit einer Zunahme innerstaatlicher, aber auch zwischenstaatlicher Wanderung zu rechnen. Die Zahl der Armuts- und der Elendsflüchtlinge in der Welt wird in dem Maße zunehmen, wie die Bereitschaft der reichen Industrienationen abnimmt, vor Ort etwas für die Menschen zu tun. Schon heute werden an der Südgrenze der Vereinigten Staaten mehr als 2000 Menschen täglich abgewiesen, die über Mexiko in die USA einwandern wollen.

Ausländer, Aussiedler, Übersiedler

In den letzten Jahren war die Bundesrepublik Deutschland in einer besonderen Situation. Nahezu in allen westlichen Industrieländern wurde Ausländern und Asylsuchenden die Einwanderung erschwert. Verschärfte Visabestimmungen und Grenzkontrollen, ein präziser gefaßtes Asylrecht – wie in Dänemark und in der Schweiz – und bürokratische Hindernisse versperrten den Zugang in die jeweiligen Länder. Die deutsch-deutsche Grenze in Berlin wirkte wie ein Magnet auf die Menschen, die sich nicht anders zu helfen wußten als vor den unzumutbaren Verhältnissen in ihrer Heimat zu fliehen. Ihre Gründe waren dabei vielfältiger Natur: der Bürgerkrieg in Sri Lanka und im Libanon beispielsweise, die Verfolgung der Kurden in der Türkei und die rassische Diskriminierung der Roma und Sinti in Rumänien. Die Situation in der Bundesrepublik verschärfte sich dadurch, daß viele, die schon längst kommen wollten, nun endlich auch kommen konnten. Ich spreche von den Aus- und Übersiedlern.

Juristisch ist das Problem des Übersiedlerstroms mit dem 3. Oktober 1990 gelöst: Mit dem Beitritt der DDR zur Bundesrepublik gibt es per definitionem keine Übersiedler mehr. Die Menschen siedeln unter dem Dach desselben Grundgesetzes von einer Region Deutschlands in eine andere Region Deutschlands um. Das menschliche Problem aber ist durch diese definitorische Verfügung natürlich keineswegs gelöst: Gerade jetzt kann eine innerdeutsche Abwanderung aus dem ehemaligen Gebiet der DDR die Chancen der Region erheblich mindern und die soziale Infrastruktur auf dem ehemaligen Gebiet der Bundesrepublik weiter belasten.

Im Jahre 1989 stieg die Zahl der Asylbewerber, Aussiedler und Übersiedler dramatisch an: Sie näherte sich der Grenze von 1 Million Menschen. Mehr als 800 000 Aus- und Übersiedler und etwa 120 000 Asylbewerber begehrten Einlaß in die Bundesrepublik. Bezogen auf das erste Halbjahr 1990 ist die Zahl der Asylbewerber noch gestiegen, mit mehr als 100 000 liegt sie schon jetzt am Grenzwert des Jahres 1989. In den osteuropäischen Ländern gibt es noch circa 3 Millionen Menschen, die nach Artikel 116 unseres Grundgesetzes Deutsche sind. Sie alle sind potentielle Aussiedler. Dazu gehören auch – nach der sogenannten Liste 3 – Menschen in Polen, die während der Zeit der deutschen Besatzung als »eindeutschungsfähig« gekennzeichnet wurden. Gemäß Artikel 116 unseres Grundgesetzes haben diese Volksdeutschen einen Einbürgerungsanspruch. Denn Artikel 116 erklärt zum Deutschen im Sinne des Grundgesetzes, »wer die deutsche Staatsangehörigkeit besitzt oder als Flüchtling oder Vertriebener deutscher Volkszugehörigkeit oder als dessen Ehegatte oder Abkömmling in dem Gebiete des Deutschen Reiches nach dem Stande vom 31. Dezember 1937 Aufnahme gefunden hat.«

Gerade an diesem Artikel des Grundgesetzes läßt sich ermessen, wie stark die deutsche Nation noch immer von der Abstammung, von der ethnischen Zugehörigkeit her definiert wird.

Wer hingegen die Zugehörigkeit zu einer Nation konsequent nach den politischen Kategorien einer aufgeklärten republikanischen Sichtweise bestimmt, muß eine solche Orientierung an der Abstammung zurückweisen. Auch ist es nicht einzusehen, warum einem Türken, der in der dritten Generation hier lebt und deutsch spricht, die Einbürgerung versagt bleibt, einem Paragraphen-Deutschen jedoch, dessen Muttersprache vielleicht noch nicht einmal Deutsch ist, dieses Recht automatisch gewährt wird.

Der Artikel 116 des Grundgesetzes sollte nach einer Übergangszeit gestrichen werden. Heiner Geißler hat in seinem Buch »Zugluft« vorsichtig auf diesen Umstand hingewiesen, und Lothar Späth hat ihn jetzt innerhalb der CDU zur Diskussion gestellt. Mit der deutschen Vereinigung geht die Nachkriegszeit in Europa zu Ende. Die sogenannten Kriegsfolgegesetze sollten daraufhin überprüft werden, ob sie noch zeitgemäß sind.

Derzeit leben mehr als 5 Millionen Ausländer in der Bundesrepublik. Ob Deutschland ein Einwandererland ist oder nicht, kann jedoch nicht anhand der Zahl der hier lebenden Ausländer entschieden werden. Diese Frage kann so wenig nach statistischen Kriterien beantwortet werden wie die, von welcher Sandkornzahl an wir von einem Sandhaufen sprechen. Tatsache aber ist: Die hier lebenden Ausländer haben unser Land nicht ärmer, sondern reicher gemacht. Dies gilt im buchstäblichen und im übertragenen Sinne. Viele Ausländer übernehmen eine Arbeit, für die der Durchschnittsdeutsche sich zu schade ist. Die merklich gestiegene kulinarische Vielfalt in Deutschland verdanken wir ebenso den Ausländern, wie sie auch sonst unsere Alltagskultur beeinflußt haben.

Die sogenannten Republikaner vor allem haben in der Bundesrepublik die Intoleranz gegenüber den ausländischen Mitbürgern geschürt. Gerade Menschen, die selbst zu den eher sozial Benachteiligten zählen, waren für die Agitation des Herrn Schönhuber empfänglich. Je ärmer jemand ist, desto mehr neigt er dazu, andere als Konkurrenz bei der Verteilung öffentlicher Güter zu sehen. Jede weitere Aussiedler-, Übersiedler- und Ausländerfamilie ist ein Bewerber mehr auf dem Wohnungsmarkt, der innerhalb eines bestimmten Preissektors hart umkämpft ist. Ähnliches gilt für die Konkurrenz um Arbeitsplätze.

Sozialwissenschaftliche Untersuchungen haben ergeben, daß hinsichtlich der Konkurrenz um knappe Güter zwischen Aussiedler, Asylant und Ausländer nicht mehr unterschieden wird. Wenn konkrete Probleme nicht mehr gelöst werden, ist es den betroffenen Deutschen eben gleichgültig, ob ihnen ein Aussiedler, ein Asylant oder ein Ausländer die Wohnung streitig macht. Die – rein rechtlich gesehene – gemeinsame Abstammung löst kaum noch Solidarität aus. Wenn sich im sozialen Konkurrenzkampf hin und wieder doch eine stärkere Abneigung gegenüber Ausländern gezeigt hat, so läßt sich das damit erklären, daß die Zahl der Ausländer zunächst erheblich höher zu sein schien als die eher begrenzte Zahl der Aus- und Übersiedler. Die Jungsozialisten hatten einmal einen Autoaufkleber entworfen, der solche tiefsitzenden Ängste in paradoxer Weise verkehrte: »Alle Menschen sind Ausländer – fast überall in der Welt«. Die tatsächliche Zahl der in der Bundesrepublik lebenden Ausländer – 1990 etwa 5 Millionen – steht in keinem Verhältnis zu den unterbewußten Ängsten mancher Deutscher.

Auch in den Aufnahmelagern für Aus- und Übersiedler wurden Mauern errichtet: Die Übersiedler distanzierten sich von den Aussiedlern, die nicht einmal alle deutsch sprachen, und mit diesen gemeinsam wiederum von den Ausländern und Asylbewerbern, die nicht einmal eine deutsche Abstammung aufzuweisen hatten. Die »deutsche Abstammung« wurde von denjenigen, die sie hatten, gegen andere wie ein Schild vor sich her getragen, wie eine Leistung eigener Art, obwohl doch gerade für eine Staatsbürgerschaft, die nach dem Abstammungsprinzip zuerkannt wird, keinerlei individuelle Leistung erbracht werden muß. Es wird langer Anstrengungen bedürfen, um diese vielfältigen Differenzen zu überwinden.

In der Bundesrepublik ist das distanzierte, bisweilen sogar aggressive Verhalten gegenüber Ausländern noch auf einen anderen tiefenpsychologischen Mechanismus zurückzuführen. Es gibt Menschen, deren individuelle Biographie sie in nichts über andere Menschen hinaushebt. Für sie ist ihr Deutschtum ihr letzter sicherer Besitzstand, den ihnen niemand zu nehmen vermag – ähnlich jenen Männern, denen die schlichte Tatsache ihres Mannseins genügt, weil sie sonst nichts vorzeigen können, was gesellschaftliche Anerkennung findet. Solche Verhaltensweisen tragen Züge eines nationalen oder sonstigen Chauvinismus in einer sonst mehr oder minder aufgeklärten Kultur.

Eine aufgeklärte Aussiedler-, Asylanten- und Ausländerpolitik kann diesen Resten eines überholten Bewußtseins keinen Platz mehr einräumen. Im Gegensatz zu an der Abstammung orientierten Prinzipien muß sie dem Prinzip des Universalismus verpflichtet sein. Dies soll und kann nicht heißen, daß alle Ausländer, die zu uns kommen wollen, eingebürgert werden. Dies kann und soll auch nicht heißen, daß jeder Mann und jede Frau, die sich mit guten Gründen um Asyl bewerben, auf Dauer in Deutschland bleiben können. Auch wer zu dem Ergebnis kommt, daß Deutschland ein Einwanderungsland ist, muß deshalb noch lange nicht für eine unbegrenzte Aufnahme und eine unbegrenzte Aufnahmebereitschaft plädieren. Sogar alle typischen Einwanderungsländer (USA, Kanada, Australien beispielsweise) haben den Zuzug von Ausländern kontingentiert. Die Aufnahmekapazität läßt sich nicht mathematisch bestimmen. Aber sie darf auch nicht nach bürokratischer Willkür festgelegt werden. Sie hängt ab von den Kapazitäten der sozialen Infrastruktur, von der Besiedlungsdichte, der demographischen Entwicklung, und damit verbunden mit dem Altersaufbau der Gesellschaft. Die Aufnahmefähigkeit unseres Landes ließe sich in einer Richtgröße darstellen, die – zum Beispiel im Abstand von zwei Jahren – der Nachregulierung bedürfte.

Die Aufnahmebereitschaft freilich läßt sich noch schwerer ermitteln als die Aufnahmefähigkeit. Hier kommen die Erfahrungen und die Vorurteile zum Zuge, der ganze subjektive menschliche Faktor. Die bei vielen Menschen vorhandene kulturelle Offenheit, die andere Lebensformen eher als eine Bereicherung denn als eine Bedrohung sieht, steht in starkem Kontrast zum abweisenden Verhalten jener, die jede ihnen fremde Lebensform als Störung empfinden. Obwohl viele verhärtete Einstellungen zu diesem Problem einer Argumentation kaum zugänglich erscheinen, verändern auch sie sich im Laufe der Zeit. Eine labile Mischung aus Gewohnheit, Pragmatismus und Primärerfahrungen sorgt dafür, daß Vorurteile abgebaut werden. Allerdings kann genau diese Mischung auch alte Vorurteile verstärken und neue schaffen.

Vor einigen Jahren kursierte in der Bundesrepublik das geflügelte Wort: »Wir haben kein Ausländerproblem, wir haben ein Türkenproblem«. In der Tat gibt es kaum öffentlichen Protest gegen die mehr als 2 Millionen EG-Europäer, die in der Bundesrepublik leben. Vielen Menschen scheint es ganz natürlich zu sein, daß der Belgier Daniel Goeudevert, der frühere Chef von Ford/Köln, Mitglied des Vorstandes von VW geworden ist und damit »Herr« über zigtausend deutsche Arbeiter. Das sogenannte Türkenproblem wird dagegen von denen, die es als solches empfinden, falsch gesehen. In Nordrhein-Westfalen beispielsweise müßte man viele Dorf- und

Hauptschulen schließen, wenn sie nicht von so vielen türkischen Kindern besucht würden. Es gab Eltern, die eine Initiative gründeten und um türkische Kinder warben, weil sie darum bangen mußten, daß »ihre« Schule sonst geschlossen würde. Nicht zuletzt ist es dieses »Aufeinanderangewiesensein«, das Toleranz fördert und eingefahrene Denk- und Verhaltensmuster aufbricht. Ohnehin sind es in erster Linie unsere Ausbildungseinrichtungen, die die soziale Toleranz und Integration fördern. Erstklässler haben gemeinhin weit weniger Vorurteile als ihre Eltern, weil ihre alltägliche Erfahrung als Korrektiv wirkt. Unsere Universitäten sind international, Vorurteile dort so gut wie nicht vorhanden.

Dennoch ist nicht zu übersehen, daß die Toleranz mit dem Abstand zu den Problemzonen wächst. Für Eltern, die im eigenen Haus wohnen und ihre Kinder in eine Waldorfschule schicken, ist es leicht, Toleranz gegenüber Ausländern und ihren Kindern zu predigen.

Selbstverständlich kann es nicht Aufgabe der Politik sein, sich am faktischen Bewußtsein der Bevölkerung auszurichten. Demokratische Politik muß an der Willensbildung mitwirken, darf aber nicht in pädagogisierende Bevormundung ausarten. Sie muß die Menschen fordern, darf sie aber nicht überfordern. Sie muß Vorbehalte erspüren und kennen, ohne ihnen stets Rechnung zu tragen. Häufig ist der einzelne gar nicht allein schuld an seinen Vorbehalten gegenüber Ausländern. Er ist oft genau so Opfer einer sozialen Selektion wie der Ausländer, gegen den seine Antipathie sich richtet. Beide stehen vor dem Problem, nur niedrige Mieten zahlen zu können. Und so entsteht in bestimmten Stadtvierteln ein heftiger Konkurrenzkampf um den knappen Wohnraum. Die Begegnungsstätte dieser Deutschen mit Ausländern ist der

Aldi-Laden, nicht das Feinkostgeschäft. Der Staat muß dieser Ballung sozialer Risiken entgegenwirken. Eines muß dabei allerdings deutlich gesehen werden: Gerade der Staat besitzt für eine wirkliche soziale Integration so gut wie keine Kompetenz. Gesellschaftliche Integration läßt sich eher an Eheschließungen und anderen Verwandtschaftsbeziehungen messen denn an staatlicher Fürsorge.

Auch in den Vereinigten Staaten, klassisches Beispiel eines ethnischen Schmelztiegels, ist die soziale Integration noch lange nicht verwirklicht. Die öffentlichen Schulen dort werden zunehmend zu Schwarzen- und Armenschulen. In den großen Städten wohnen die neuen ethnischen Minderheiten in strikt von einander abgegrenzten Vierteln. Sozialer Austausch findet nicht statt.

Ein Bekannter erzählte mir von einem Besuch in Boston: Er aß dort in einem thailändischen Lokal im Thaiviertel. Nur wenige Meter entfernt brach in einem nahen, auf der anderen Seite einer schmalen Straße gelegenen Wohnhaus ein Brand aus. Die Feuerwehr rückte an. Die Flammen drohten auf die umliegenden Gebäude überzugreifen. Die thailändische Bedienung verrichtete in aller Ruhe ihre Arbeit. Business as usual. Auf die Frage, ob denn niemand Angst habe, der Brand könne auf das Restaurant übergreifen, erhielt mein Bekannter die verblüffende Antwort: »Das liegt doch im anderen Viertel.« Die schmale Straße markierte gleichzeitig die Grenze zwischen zwei Stadtvierteln.

Auch in den Vereinigten Staaten wird die Gliederung der Gesellschaft in arm und reich überlagert von der Gliederung in ethnische Minderheiten und durch das »Hautfarbenproblem«. Ein »armer Schwarzer« ist immer noch schlechter dran als ein »armer Weißer«.

So gesehen kann das Wort *melting pot* – Schmelztiegel – auch falsche Vorstellungen wecken. Neue ethnische Minderheiten leben noch über Generationen hinweg in sozialen und kulturellen Nischen. Nur jene, die es zu Wohlstand gebracht haben, sind auch in der Oberschicht integriert.

Für die Anti- oder Sympathie, die wir Ausländern entgegenbringen, spielt es offenbar kaum eine Rolle, wie weit ihre Heimat von der unsrigen liegt. Neuseeländern, Australiern oder auch Japanern, die mehr als 10 000 Kilometer von hier entfernt zu Hause sind, wird mit vergleichsweise weniger Vorbehalten begegnet als Türken, Afghanen oder Iranern. In der DDR war die Diskriminierung der Polen nicht zu übersehen. Vorbehalte gegen in der DDR lebende Russen brachen in dem Moment auf, als die Bevölkerung sich von der Sowjetunion nicht mehr bedroht fühlte. Die offizielle Achtung der russischen Bevölkerung war das Ergebnis der lange gepflegten »sozialistischen Verbrüderung« und der Angst vor dem großen Bruder zugleich. Die weiterhin angespannte wirtschaftliche Situation in Ostdeutschland wird der Fremdenfeindlichkeit Auftrieb geben. Die knappe Zahl der Bildungseinrichtungen, die drastische Verminderung der Kindergärten muß zu einem Verdrängungswettbewerb führen. Auch hier wird deutlich werden, was passiert, wenn die Gesellschaft sich an Stelle einer wirklichen sozialen Integration an einer Integration über eine vermeintlich gleiche Abstammung ausrichtet.

Zweifellos kann soziale Integration nur schwer mit staatlichen Mitteln vollzogen werden. Dennoch kann der Gesetzgeber Barrieren abbauen: etwa durch eine Modernisierung des Einbürgerungsrechts – wie es die Bundestagsfraktion der SPD vorgeschlagen hat – oder durch die

Einführung des kommunalen Wahlrechts für Ausländer. In anderen europäischen Ländern – in Schweden gibt es das kommunale Wahlrecht für Ausländer seit 1975, in den Niederlanden seit 1979 und in Dänemark seit 1980 – wurden damit gute Erfahrungen gemacht.

In seinem Buch »Zugluft« entwirft Heiner Geißler eine demokratische Ausländerpolitik im Rahmen der Sozial- und Wirtschaftspolitik. Er macht klar, daß eine liberale Ausländerpolitik schon im eigenen Interesse der Bevölkerung die politische Position der Zukunft sein muß. Die Alterspyramide der Bevölkerung – inklusive der der DDR – würde sich wegen der niedrigen Geburtenrate dramatisch verschlechtern und damit auf lange Sicht unser gesamtes Sozialwesen gefährden, wären da nicht die Ausländer. Die *Wirtschaftswoche* überschrieb im letzten Jahr ein Heft mit dem Titel: »Ausländer rein«. Auch sie ordnet die Ausländerpolitik in der Rubrik Wirtschafts- und Sozialpolitik ein.

Ich verkenne das wirtschaftliche und soziale Gewicht der Ausländerpolitik nicht. Im Kern aber gehört eine demokratische Ausländerpolitik in den Bezugsrahmen »Kulturpolitik«. Jedes Land und jedes Individuum verarmt, wenn es sich nicht anderen Kulturen öffnet, wenn nicht kulturelle Grenzen überschritten und damit kulturelle Horizonte erweitert werden. Nicht die Angst vor einer wie auch immer gearteten kulturellen Überfremdung darf das Leitprinzip einer Ausländerpolitik sein; dagegen sind geistige Offenheit, demokratische Pluralität, die Achtung vor anderen Kulturen das Gebot der Stunde.

Die gesellschaftliche Integration ausländischer Mitbürger setzt – selbstverständlich – Toleranz voraus. Toleranz aber ist kein Wert an sich. Sie ist gebunden an ethische

Überzeugungen und an eine unser Gemeinwesen gestaltende verfassungsrechtliche Grundordnung.

Toleranz bedeutet keineswegs eine indifferente Haltung, wie auch Liberalität nicht mit Meinungslosigkeit verwechselt werden sollte. Sie darf auch nicht in einen alles rechtfertigenden kulturellen Relativismus ausarten. Toleranz ist eine Frage der Achtung des menschlichen Individuums, gleich wie fremd uns seine Kultur ist. Sie setzt die Kraft des Arguments an die Stelle der Gewalt. Gerade deshalb ist sie mit Fanatismus und Grausamkeit nicht vereinbar, auch wenn fundamentalistische Vertreter irgendeiner Religion oder Weltanschauung für ihre Aktivitäten Toleranz einklagen, die sie zwar selbst mit Füßen treten, die ihnen aber aus ihrem Traditionsbewußtsein als selbstverständlich erscheint. Der Fall des indischen Dichters Salman Rushdie hat in drastischer Weise gezeigt, daß auch eine Integrationspolitik, die auf Offenheit und kulturellem Austausch basiert, ihre Grenzen hat, wo die Werte des Humanismus verletzt werden. »Gibt es eine Kultur da, wo man über Delinquenten körperliche Züchtigungen verhängt, wo die unfruchtbare Frau verstoßen und die Ehebrecherin mit dem Tode bestraft wird, wo die Aussage eines Mannes soviel wert ist wie die von zwei Frauen, wo eine Schwester nur Anspruch auf die Hälfte des Erbes hat, das ihrem Bruder zufällt, wo die Frauen beschnitten werden, wo die Mischehe verboten und die Polygamie erlaubt ist?« Mit dieser pointierten Frage legt der französische Philosoph und Schriftsteller Alain Finkielkraut den Finger auf die Wunde.

Selbstverständlich würden wir nicht tolerieren, daß unter dem Deckmantel der Religionsfreiheit ein Kult ausgeübt wird, der Menschenopfer vorsieht. Wo aber liegt die

Grenze des Tolerierbaren? Wie sollen wir uns verhalten, wenn die Regeln einer fremden Kultur »nur« die Unterwerfung der Frau vorschreiben? Sollen wir im Namen des kulturellen Relativismus hinnehmen, was wir in unserer eigenen Kultur scharf bekämpfen? In Frankreich hat dieses Dilemma zu einer heftigen Auseinandersetzung geführt: Darf an öffentlichen Schulen der Schador getragen werden? Wer sich zum universalistischen Anspruch der Aufklärung und der in ihrem Geist konzipierten Grund- und Menschenrechte bekennt, wird sich auch in diesem Konfliktfall zwischen kultureller Toleranz und Frauenrecht zugunsten des universellen Rechts der Frau auf gesellschaftliche Gleichberechtigung entscheiden. Denn niemand wird ernsthaft behaupten, daß die kulturspezifische Pflicht, einen Schador zu tragen, ein Zeichen von weiblicher Emanzipation sei.

Oft schon wurde die Frage gestellt, ob nicht auch der universalistische Anspruch, mit dem die Europäer ihre Werte der »Aufklärung« vertreten, einer kulturimperialistischen, kolonialistischen Mentalität entspringt. Warum sollten Grundwerte der abendländischen Kultur für alle Kulturen gelten? Sowohl von der politischen Rechten wie auch von Teilen der politischen Linken wird – wenngleich mit umgekehrtem Vorzeichen – die Auffassung vertreten, menschliche Kulturen seien so grundsätzlich verschieden, seien durch solch unüberbrückbare Grenzen voneinander getrennt, daß es keine allgemein gültigen Kriterien für ihre Beurteilung geben könne. Dieser kulturelle Relativismus führt in der Praxis schnell zu konfliktgeladener Ausgrenzung. Von der Bejahung der Andersartigkeit zur Ausgrenzung des Andersartigen ist es oft nur ein kleiner Schritt – ein kleiner Schritt auch von der »neuen Linken« zur »neuen Rechten«. Man kann die entscheidende Frage auch anders stellen: Warum eigentlich sollten die Grundwerte der europäischen Aufklärung nicht für alle Kulturen gelten, sind sie doch in Form der UNO-Charta und der allgemeinen Erklärung der Menschenrechte von der Völkergemeinschaft bestätigt worden? Wir Europäer wären ausbeuterische Egoisten, würden wir Freiheit, Gleichheit und Brüderlichkeit, diese Grundwerte der Aufklärung, nur für uns selbst und nicht für alle Menschen einfordern! In dieser Hinsicht ist der Verdacht des kulturellen Imperialismus unhaltbar.

Freiheit, Gleichheit und Solidarität sind Grundbedingungen für jede Gesellschaft, die ein menschliches Antlitz tragen will. Niemand sollte dem kulturellen Relativismus das Wort reden und damit einen Toleranzbegriff prägen, der mit Humanismus nicht vereinbar ist. Dies allerdings kann wiederum nicht bedeuten, die Einwanderer darauf zu verpflichten, ihre Gewohnheiten und Verhaltensweisen an den bei uns geltenden Lebensformen auszurichten. Doch fremde Bräuche, die anerkannten Menschenrechten zuwiderlaufen, kann der Rechtsstaat nicht tolerieren, mag die entsprechende Tradition noch so lang und damit verfestigt sein.

Der neue europäische Geist findet sich ohne Probleme mit der Existenz nationaler und religiöser Minderheiten ab. Freilich unter einer Bedingung: Auch sie müssen aus gleichen und freien Individuen bestehen. Das zukünftige Europa der Regionen kann nur unter dem Schirm einer offenen und demokratischen Kultur gedeihen – einer Kultur, die kein Schmelztiegel für das Verschiedenartige ist, der kulturelle Eigenarten nivelliert, aber auch kein Flickenteppich von nebeneinander existierenden, sich gegenseitig ausgrenzenden Kulturen. Was wir brauchen, ist eine Kultur, in deren Schoß sich lokale, regionale, nationale und internationale Teilkulturen gegenseitig befruchten können. Eine solche europäische Kultur entspricht einer gesellschaftlichen Entwicklung, die unter dem Vorzeichen der Integration steht. Sie verbindet die soziale Integration mit der Bewahrung der kulturellen Eigenart. Allerdings wird sie sich nur dort durchsetzen können, wo auch der Nationenbegriff nicht »völkisch«, sondern »politisch-republikanisch« bestimmt ist.

Für eine demokratische Asylpolitik

Auch das Asylrecht muß unter den Bedingungen transnationaler Integration der europäischen Gesellschaft gesehen werden.

Die Nachrichtenagentur AP berichtete im August 1990, das Land Bayern drohe mit einem Aufnahmestopp für Asylbewerber. Das Land Bayern will damit eine Grundgesetzänderung bewirken. Im selben Artikel wird berichtet, daß die Ruhrgebiets-Bürgermeister – alle Sozialdemokraten – vor einer Pogromstimmung warnen. »Der soziale Sprengstoff ist von den Städten kaum noch zu beherrschen« – so der Duisburger Oberbürgermeister Josef Krings. Auch hinsichtlich der Asylproblematik ist die Bereitschaft zu Toleranz dem Abstand zu den Problemen direkt proportional. Worum geht der Streit?

Im Prinzip – ich sehe hier von gesetzestechnischen Fragen ab – geht es darum, ob es gelingen kann, ein internationales Problem mit nationalen Mitteln zu lösen. Unser Grundgesetz legt im Artikel 16 fest, »politisch Verfolgte genießen Asylrecht«. Unter humanitären Gesichtspunkten mag es merkwürdig erscheinen, daß das Asylrecht auf politisch Verfolgte begrenzt ist. Was ist mit den vom Verhungern bedrohten Menschen in der Sahelzone oder in Äthiopien? Ist das Recht auf das eigene Überleben nicht ein allen anderen Rechten vorgeschaltetes Grundrecht? Müssen wir – wenn man es unter humanen Gesichtspunkten betrachtet – unser Asylrecht nicht sogar erweitern?

Natürlich sollten wir keinen, der zu uns gekommen ist, zurückschicken, wenn ihn der Hungertod erwartet. Der drohende Hungertod in der Sahelzone aber ist das Problem sehr vieler Menschen, die dort leben, und nicht die Folge politischer oder rassischer Diskriminierung. Dagegen können wir nur angehen, wenn wir großzügig und intelligent Entwicklungshilfe leisten. Nach dem Ende des Ost-West-Konflikts kann ein Gutteil des Verteidigungsetats für die Entwicklungshilfe verwendet werden. Für das Asylrecht kann aber nicht das Schicksal eines Landes entscheidend sein, sondern allein das Schicksal des Individuums. Dieses Asylrecht gilt jenen Menschen, denen – per definitionem – vor Ort nicht geholfen werden kann, weil sie vor Ort staatlicher Verfolgung ausgesetzt sind.

In kaum einem Land Mittel- und Osteuropas – von Rumänien abgesehen – gibt es noch eine nennenswerte politische Verfolgung: Daraus allerdings zu schließen, andernorts würden nicht noch unzählige Menschen aus politischen und rassischen Gründen verfolgt, wäre blanke Illusion. Das deutsche Recht, das politisch Verfolgten einen individuellen Anspruch auf Asyl einräumt und die Zahl der Asylbewerber nicht begrenzt, ist einzigartig in Europa. Die Zahl der Asylbewerber hängt allein von den zuständigen Ländern ab, auf die die Bundesrepublik nur geringen Einfluß nehmen kann.

Unsere Handhabung des Asylrechts kann man als politisch schizophren bezeichnen: Auf der einen Seite brüsten wir uns damit, das großzügigste Asylrecht aller Länder zu haben, auf der anderen Seite tun die Verantwortlichen vor Ort alles, damit von dieser Freiheit möglichst wenig Gebrauch gemacht wird. Auf nationaler und auf internationaler Ebene ist ein Verdrängungswettbewerb entstanden, weil die Einwanderungsbestimmungen für Asylanten verschärft wurden. Die unterschiedliche Rechtsauslegung in den Bundesländern bedroht die Asylbewerber, steigert aber auch den Unmut der Menschen vor Ort und überfordert ihre Bereitschaft zur Solidarität. Die gegenwärtig immer wieder diskutierte Frage, ob Deutschland mit seinen 78 Millionen Einwohnern überhaupt noch über Aufnahmekapazität verfügt, verkennt das prinzipielle Problem. Wir sind von Rechts wegen angehalten, jedes Asylbegehren zu prüfen. Wer die prinzipielle Offenheit gegenüber Asylbewerbern bewahren will, kann das Asylantenproblem nicht auf dem Boden eines Nationalstaats lösen. Es bedarf einer Internationalisierung der Asyl- und Visagesetzgebung, die letztlich alle Länder umfaßt, in denen es keine rassische und politische Verfolgung gibt.

Beginnen sollten wir mit der Internationalisierung des Asylrechts in den Ländern der Europäischen Gemeinschaft. Die Errichtung des europäischen Binnenmarkts 1993 macht die Europäisierung des Asylrechts ohnehin unumgänglich. Mit dem Wegfall der Grenzen ist ein auf die Nation begrenztes Asylrecht anachronistisch geworden. Die Europäisierung des Asylrechts muß gesetzliche Standards für die rechtliche und soziale Behandlung von Asylsuchenden beinhalten, wenn es nicht zu einer unkontrollierten »Umverteilung« zwischen den europäischen Staaten kommen soll. Aufgrund der prinzipiellen Offenheit des Asylrechts werden die Länder der Europäischen

Gemeinschaft nicht in der Lage sein, absolute Zahlen für Aufnahmekapazitäten vorzugeben. Die absoluten Zahlen ergeben sich aus einem Verteilungsschlüssel, der die jeweilige ökonomische und soziale Lage berücksichtigt.

Auch für die Asylpolitik gilt das Wort von Daniel Bell: »Der Nationalstaat ist für die großen Probleme zu klein und für die kleinen Probleme zu groß«. Die Asylfrage ist ein großes Problem, das nationalistische Emotionen entfacht. Gerade in den nächsten Jahren aber, in denen die sozialen Probleme der Vereinigung uns Deutschen genug zu schaffen machen werden, müssen wir besonders darauf achten, daß sich an der Asylpolitik kein neuer Nationalismus entzünden kann. Ist nicht die deutsche Vereinigung allein schon dazu angetan, mehr den alten Nationalismus zu stärken als die transnationale Integration?

Ein neuer Nationalismus in Deutschland?

Gewiß gab es im westlichen wie im östlichen Ausland die Sorge, die Vereinigung Deutschlands würde einem neuen Nationalismus Vorschub leisten. Der inzwischen zurückgetretene britische Außenhandelsminister Ridley war ja nur die Spitze eines Eisbergs an Vorbehalten. Man war sich nicht sicher, ob man dem Zugewinn an Macht einen entsprechenden Zugewinn an Verantwortung zutrauen konnte. Insbesondere in Amerika weckte der Gedanke an ein vereinigtes Deutschland die Ängste vor einem »Vierten Reich«. Die Bundesregierung nährte solche Ängste mit ihrer Unfähigkeit, in der Frage der polnischen Westgrenze klar Position zu beziehen. Daß die Regelung dieser Grenzfrage erst einer gesamtdeutschen Regierung vorbehalten sein sollte, wurde zu Recht als Taktieren und

Finassieren betrachtet. Erst die Klärung der Grenzfrage mit Polen nämlich schafft Klarheit darüber, wen und welche Gebiete eine gesamtdeutsche Regierung zu repräsentieren beansprucht.

Doch glaube ich, daß sich in der Argumentation der Regierung die große Mehrheit der Deutschen nicht wiederfand. In erster Linie trat hier doch nur das Dilemma der führenden Regierungspartei ganz ungeschminkt zutage: die Befindlichkeit auch der gesellschaftlichen Gruppen, die diese Regierung mittragen und die sich mit der Bewältigung der unseligen deutschen Vergangenheit besonders schwer taten. Als 1985 der Bundespräsident mahnte, die Zeit zwischen 1933 und 1945 niemals zu vergessen, reagierten Teile der CDU/CSU mit mehr oder weniger offenem Protest. Ein Teil der deutschen Rechten, zur Trauer unfähig, will nicht begreifen, daß zur Grundlage der zukünftigen deutschen Politik auch gehört, die Vergangenheit anzunehmen und aufzuarbeiten. Franz-Josef Strauß sagte im Januar 1987: »Ohne eine nationale Identität, in der die Deutschen ihr Verhältnis zu sich selber, zu ihrer Vergangenheit, aber auch zu ihrer Zukunft finden, kann das deutsche Volk seine Aufgabe auf dieser Welt nicht erfüllen...« Dagegen ließe sich schlecht etwas einwenden, hätte er diesem Satz nicht einen anderen vorausgeschickt: »Es ist jetzt höchste Zeit, daß wir aus dem Schatten des Dritten Reiches und dem Dunstkreis Hitlers heraustreten und wieder eine normale Nation werden.«

Diese Art Vergangenheitsbewältigung macht die Angst im Ausland vor einem »Vierten Reich« verständlich. Freilich kam in der amerikanischen Presse nach dem Fall der Mauer nicht nur Besorgnis zum Ausdruck, sondern auch Verwunderung und Erleichterung darüber, daß die Menschen, die auf der Mauer zusammen tanzten, nicht die erste Strophe des Deutschlandlieds sangen, sondern Karnevalslieder. »So ein Tag, so wunderschön wie heute«, das war die Nationalhymne des »Vereinigten Volkes«. Und dasselbe Lied wurde auch von freudetrunkenen Fußballfans in den Straßen Roms gegrölt, nachdem die Mannschaft der Bundesrepublik Weltmeister geworden war. Nationalistische Gefühlsausbrüche, wie manche befürchtet hatten, fanden nicht statt – von kleinen Randgruppen einmal abgesehen. Es war beruhigend, daß in den italienischen Stadien kein »Deutschland-Deutschland-über-alles-Chor« zu hören war. Deutsche Schlachtenbummler sangen ihre Slogans nach einer Melodie von Verdi. Gewiß war die Begeisterung nach dem Gewinn der Weltmeisterschaft groß, aber in keinem anderen Land wäre das anders gewesen.

Wenn in der Bundesrepublik 80 Prozent und in der DDR sogar mehr als 80 Prozent der Menschen für eine Vereinigung der deutschen Staaten plädieren, dann heißt dies noch lange nicht, daß wir von einer breiten nationalistischen Welle überrollt werden. Laut Meinungsumfragen sind zwei Drittel der Bürgerinnen und Bürger der Bundesrepublik nicht bereit, für den von ihnen gewünschten Vereinigungsprozeß persönliche Einschränkungen in Kauf zu nehmen. Diese vermeintliche Schizophrenie im Alltagsbewußtsein ist leicht zu erklären: Die große Mehrheit in der Bundesrepublik ist für die Vereinigung, möchte aber zugleich, daß ihr Lebensstil – ein europäischer Lebensstil – davon im Kern nicht berührt wird. Es wäre zu kurz gegriffen, hierbei nur die Angst vor dem Verlust materieller Besitzstände zu nennen. Es gibt auch Besitzstände an Lebensstil, an kultureller und liberaler Qualität, an einer erworbenen Mentalität, die nicht so einfach zur Disposition gestellt werden sollten. Sozialwissenschaftliche Untersuchungen haben ergeben, daß in der DDR Denkmuster fest verankert sind, wie sie in der Bundesrepublik zu Ende der 50er und zu Beginn der 60er Jahre vorherrschten. Der Graben, der sich zwischen diesen beiden deutschen Denkmustern auftut, ist viel breiter als vergleichbare Gräben etwa zwischen Holländern, Franzosen, Luxemburgern oder Belgiern einerseits und Bundesdeutschen andererseits. Genau das habe ich als europäisches Lebensgefühl bezeichnet. Insbesondere junge Menschen befürchten nun, daß es im Verlauf des Vereinigungsprozesses auch in der Bundesrepublik zu einem Rückfall in die Denkmuster vergangener Jahrzehnte kommen könnte. Ich halte diese Befürchtung für in weiten Bereichen übertrieben. Gesellschaftliche Integration vollzieht sich nicht nach der Methode des statistischen Mittels. Wenn einer den linken Fuß in kochendes Wasser hält und den rechten Fuß in kaltes Wasser, so ist die Durchschnittstemperatur lau – aber weh tuts doch. Die europäischen Bindungen und Denkmuster sind in der Bundesrepublik so stark geworden, daß sie einen deutschen Sonderweg versperren. Die Zahl derer, die innergesellschaftliche Vielfalt durch eindimensionales Deutschtum ersetzen wollen, schrumpft dahin. Eine weitaus größere Gefahr sehe ich darin, daß die DDR-Bürger in kultureller Hinsicht in die Bundesrepublik gleichsam zwangsintegriert und zwangsassimiliert werden. Der Anpassungsdruck einerseits und das Identifikationsbedürfnis andererseits sind schon jetzt sehr ausgeprägt. Freilich kann es auch hier nur darum gehen, kulturelle Vielfalt zu akzeptieren und zu bewahren, statt alles einzuebnen.

Ist aber der Prozeß der deutschen Vereinigung, insbesondere in der DDR, nicht doch durch eine nationale Welle ausgelöst worden? Darüber läßt sich trefflich streiten. »Wir sind ein Volk« war ja ebenso nationales Bekenntnis wie der Ruf nach der D-Mark. »Eine Idee hat sich schon immer blamiert, wenn sie nicht mit einem Interesse verbunden war«, sagt Marx. Das hohe nationale Pathos der westdeutschen Rechten hat sich so lange blamiert, wie man sich darauf beschränkte, für die »Brüder und Schwestern drüben« Kerzen in die Fenster zu stellen, statt handfeste Politik zu machen. In der DDR hat man Marx ganz gewiß gelesen: Der Nationalstaatsgedanke und die Hoffnung auf Wohlstand vertrugen sich prächtig. Idee und Interesse bildeten ein Amalgam. Die Befreiung vom Joch des Kommunismus war für den Alltag der Menschen weit wichtiger, als die staatsrechtliche Diskussion. Die deutsche Wiedervereinigung war der Katalysator zu einem Wiederaufbauprogramm für Wirtschaft und Gesellschaft, nachdem die alten Strukturen verfallen waren. Nicht zuletzt die Verhandlungen um den Staatsvertrag haben deutlich gemacht, daß unter dem Treibsand der Ideologie vor allem handfeste Interessenskonflikte lagen. Das hohe Pathos der ersten Stunde wich verblüffend schnell den nüchternen Stimmen, die wir aus Tarifverhandlungen kennen. Wäre wirklich ein tiefreichender Nationalismus Motor der gesamtdeutschen Entwicklung gewesen, hätte die Stimme des Pathos die der nüchternen Auseinandersetzung allemal übertönt. Dies zeigte sich insbesondere bei der Frage, zu welchem Umstellungskurs die Ost-Mark abgelöst werden sollte. Manch einem mag die Diskussion darüber desillusionierend, kleinlich und deshalb unangebracht erschienen sein. Aber sie hatte den großen Vorteil, daß ein falscher Zungenschlag gar nicht erst laut wurde.

Niemand vermag genau zu sagen, ob der Nationalismus im vereinten Deutschland Karriere machen kann. Mit der deutschen Vereinigung ist die große Sehnsucht der nationalen Rechten erfüllt. Und wenn es stimmt, daß der ungestillte Hunger eine stärkere Kraft als der gesättigte hat, dann hätte in Zukunft nationalistisches Pathos kaum noch eine Chance. Ohnehin werden wir auf absehbare Zeit genügend damit zu tun haben, die schwierige Integration zu leisten, möglichst schnell einheitliche Lebensverhältnisse – eine Einheit der Gesellschaft – in Deutschland herzustellen. Für die Karriere eines deutschen Nationalismus sind das eher trübe Aussichten.

Was heißt deutsche Einheit?

Wer die deutsche Einheit anstrebt, muß sich fragen, was deutsch und was Einheit ist. Es liegt nahe, als Kriterium des »Deutschseins« die Sprache zu nehmen. Das aber führt in die Sackgasse, sobald man den Bezug zur Einheit unter den derzeitigen Verhältnissen sucht: Die deutsche Sprache zur Grundlage der deutschen Einheit machen zu wollen, hieße nicht nur Schlesien, Pommern und Ostpreußen, sondern auch Österreich, Teile der Schweiz und Lothringens, das Elsaß oder Luxemburg und deutschsprachige Enklaven in weiteren Ländern einzubeziehen. Daran kann doch kein ernsthafter Mensch heute noch denken.

Und was bedeutet Einheit? Nur das Zusammenleben in einem einzigen Staat? Es ist gut, daß selbst die, denen diese Definition genügt, sich einen modernen deutschen Einheitsstaat nur als Bundesstaat vorstellen. Zumindest darüber besteht Konsens, daß der Föderalismus beste deutsche Tradition ist; daß er auch in Zukunft helfen wird, den Mißbrauch zentralstaatlicher Gewalt zu verhindern und die kulturelle Vielfalt regional und demokratisch zu organisieren, darf man getrost annehmen. Aber mit der staatlichen Einheit ist ja noch längst nicht die Gesellschaft vereint. Solange im Osten Deutschlands nicht annähernd gleiche Lebensverhältnisse wie im westlichen Teil des Landes herrschen, wird die deutsche Gesellschaft unter einem gemeinsamen staatlichen Dach gespalten bleiben. Die Herstellung der staatlichen Einheit Deutschlands wird durch einen Staatsvertrag geregelt. Was jetzt Not tut, ist eine Art Gesellschaftsvertrag, um die soziale Einheit Deutschlands herbeizuführen. Staatliche und gesellschaftliche Einheit sind für mich keine Gegensätze, die eine ergänzt die andere. Aber ich mache auch keinen Hehl daraus, daß mir von beiden die gesellschaftliche Einheit die wichtigere ist. Zuerst kommt der Mensch, seine Freiheit, sein Wohlergehen; dann erst der Staat. Weil die soziale Frage auf meiner Werteskala vor der nationalen Frage rangiert, ist die Verbesserung der Lebensverhältnisse der Menschen in der früheren DDR und die Integration der in Deutschland lebenden »Ausländer« die vorrangige und allein zukunftweisende politische Zielsetzung. So habe ich es in der Vergangenheit gehalten, und so halte ich es heute.

Konservative setzen die Akzente anders. Die Fixierung auf staatsrechtliche Kategorien der deutschen Einheit hielt die Rechte lange davon ab, eine praktische Deutschlandpolitik zu realisieren. Aus der Schmollecke der staatspolitischen Rechthaberei ließ sich für die Menschen in der DDR wenig ausrichten. Das Bekenntnis zu Freiheit und Demokratie, der Ruf nach dem vereinten Vaterland mußten wohlfeil bleiben, solange ihnen nicht eine praktische Politik folgte, die auch den Menschen in der DDR diese Werte etwas näher brachte. Schwieriger und unangenehmer, aber auch sinnvoller war es, sich mit den Machthabern in der DDR auseinanderzusetzen, um wenigstens klcinc, ganz konkrete Schritte der Verbesserung in den Lebensverhältnissen der Menschen zu erreichen. Dieser Grundsatz hatte ja nicht nur für Deutschland Gültigkeit. Er gilt zum Beispiel noch immer für China, wo jede demokratische Regung der Gesellschaft von den Herrschenden brutal niedergemacht wird. Fang Lizhi, der Sacharow Chinas, der Ende Juni dieses Jahres die US-Botschaft, in die er nach dem Massaker auf dem Platz des Himmlischen Friedens geflüchtet war, Richtung Westen verlassen durfte, sagte in einem Interview mit dem »Spiegel« vom 16. Juli 1990: »Wichtig ist, China jetzt nicht zu isolieren. Wir können uns nicht leisten, die Verbindung zwischen China und der Außenwelt zu kappen. Alle möglichen Verbindungen wirtschaftlicher, kultureller und wissenschaftlicher Art sollten im Gegenteil sogar noch weiter gestärkt werden... Nur wenn man in Kontakt bleibt, kann man Druck ausüben. Das ist wie beim Ringen: Nur wenn Sie Ihren Gegner berühren, haben Sie auch die Möglichkeit, ihn zu Boden zu werfen.«

Wer die deutsche Einheit weniger unter staatsrechtlichen Gesichtspunkten, um so mehr aber unter dem Aspekt der Vereinheitlichung, also der Verbesserung der Lebensverhältnisse der Menschen sieht, hat mit der Anerkennung der Oder-Neiße-Grenze kein Problem. Einer deutschen Regierung ist es ja keineswegs verboten, den in Pommern, Schlesien oder Ostpreußen lebenden Volksdeutschen spürbare Hilfe zu leisten. Schwer zu begründen ist eine solche Hilfeleistung nur für den, der vor allem auf staatliche Einheit fixiert ist, der den Staat über das Schicksal der Menschen stellt, die nationale über die soziale Frage.

Die Teilung Deutschlands war nicht das Ergebnis planvollen politischen Handelns, sondern die Folge des Zusammenbruchs eines verbrecherischen Regimes. Genauso unplanmäßig kam jetzt die Einheit: als Folge des Zusammenbruchs des europäischen Kommunismus. Vom Fall der Mauer wurden alle überrascht. Im Frühsommer des Jahres '89 saß ich in einem Madrider Hotel dem polnischen Schriftsteller und Philosophen Adam Schaff gegenüber. Als er behauptete, die deutsche Frage werde bald das wichtigste Thema in Europa sein, denn die Wiedervereinigung stehe vor der Tür, habe ich ihn nur ungläubig angesehen. Wenige Tage vorher, am 8. Juni, war Egon Krenz, damals noch Kronprinz Honneckers, in Saarbrücken gewesen. In seiner Gegenwart hatte ich für die DDR freie Gewerkschaften und ein Mehrparteiensystem, insbesondere auch die Zulassung der SPD gefordert. Egon Krenz sah sich damit vor die Gretchenfrage gestellt: Auf eine solche Neuordnung des Systems könne sich die SED niemals einlassen. Egon Bahr fragte ihn, ob er sich vorstellen könne, einmal in der Opposition zu sein. Nein, das könne er sich nicht vorstellen, lautete die Antwort. Und das im Juni 1989! Im November desselben Jahres fiel die Mauer.

Daß diese Mauer einer Demokratisierungswelle aus dem Osten nicht lange würde standhalten können, war den Menschen im Westen immer klar. Und daß eine solche Welle der Demokratisierung einmal kommen mußte, nachdem Gorbatschow in der Sowjetunion die Perestroika ins Rollen gebracht hatte, war höchstwahrscheinlich. Um so verwunderlicher ist es, daß dennoch der Fall der Mauer uns alle so überrascht hat.

Ein Konzept für den »Fall des Falles« lag in keiner Schublade. Gefragt war die hohe Kunst der politischen Improvisation. Doch stärker als jeder wohldurchdachte und ausgeklügelte Plan die Denkmuster des Planers verdeutlicht, verrät das Improvisieren die Denkschablonen des Improvisators. Die deutsche Bundesregierung – denn von ihr war vor allem Improvisationskunst gefordert – hat weder die Einsicht noch den Mut aufgebracht, die der historischen Dimension der neuen Lage angemessen gewesen wären. Was hätte sich aus einer solchen historischen Situation nicht alles machen lassen! Statt im Rekurs auf eine gemeinsame nationalstaatliche Vergangenheit zu verharren, hätte man die Grundlagen für eine Vereinigungspolitik darin suchen sollen, eine gemeinsame europäische Zukunft zu antizipieren. Denn nicht der Gedanke an die gemeinsame Herkunft, sondern an die gemeinsame Zukunft ist für die deutsche Vereinigung ein aufgeklärtes Leitmotiv.

Dem Nationalstaat gehört die Zukunft nicht – dies hätte Helmut Kohl von Heiner Geißler lernen können. In seinem neuen Buch »Zugluft« schreibt Geißler: »Die gute Zeit der Deutschen waren die Perioden ihrer Geschichte, in denen sie sich nicht nationalstaatlich organisiert hatten, in einem offenen Land lebten und liberal genug waren, den Gedanken der Aufklärung zu folgen und das Universale über das Nationale zu stellen.« Ist es Zufall, daß Helmut Kohl den ehemaligen Generalsekretär der CDU just zu einem Zeitpunkt entmachtet hat, als es darauf angekommen wäre, die aktuelle Deutschlandpolitik auf der Grundlage einer solchen Erkenntnis zu formulieren? Wer seine eigenen Vorstellungen von Deutschlandpolitik an den nationalstaatlichen Kategorien der Vergangenheit ausrichtet, kann in einer entscheidenden Phase keinen Generalsekretär neben sich dulden, dessen politische Vorstellungen auf die transnationale Zukunft einer »multikulturellen« Gesellschaft zielen. In der Logik seines Denkens hätte Heiner Geißler die Unionsparteien genausogut auffordern können, das Christliche über das Nationale zu stellen. Aber auch dann wären ihm der Kanzler und die Mehrheit seiner Partei wahrscheinlich nicht gefolgt.

Die einmalige historische Chance, die Weichen konsequent auf die Zukunft zu stellen, ist von der Bundesregierung vertan worden, als sie die Bedingungen der deutschen Vereinigung in den Kategorien des Nationalstaats diktierte. Die »historische Größe« eines Kanzlers mißt sich nicht an den Vorbildern der Vergangenheit. Helmut Kohl mag sich ja geschmeichelt fühlen, wenn er als Enkel Bismarcks gefeiert wird, aber bezeichnend ist es schon, daß ein deutscher Politiker im Jahre 1990 auf diese Weise wieder mit der »kleindeutschen« Tradition des Bismarckreiches in Verbindung gebracht wird. Über die historische Größe eines Menschen können nur die Nachfahren befinden. Die »Klasse« eines Politikers hängt davon ab, wie weit die von ihm getroffenen Entscheidungen das Land in die Zukunft tragen, inwieweit sie Grundlage künftiger Gestaltung und Ordnung sein werden. Allein eine Deutschlandpolitik, die sich von den Fesseln des herkömmlichen nationalstaatlichen Denkens freigemacht hätte, um sich konsequent an universalistischen Prinzipien zu orientieren, hätte weit in die Zukunft Bestand gehabt. Niemand wird mir einreden können, daß es nicht möglich war, den politischen Willen und etwas Vorstellungskraft vorausgesetzt, einen europäischen Weg zur deutschen Einheit einzuschlagen, der nicht nur den Freiheits- und Wohlstandswünschen der Menschen in der

DDR gerecht geworden wäre – gerechter jedenfalls als es der jetzige Weg ist –, sondern der auch noch ein Modell für die Integration anderer osteuropäischer Länder in die europäische Gemeinschaft hätte sein können – ein Modell also für die sukzessive Vereinigung Europas. Der Weg in die EG, den die DDR nimmt, wird ein Sonderweg bleiben. Keinem anderen Land wird es möglich sein, den Anschluß an die westeuropäische Rechts- und Wirtschaftsordnung nach Artikel 23 des Grundgesetzes der Bundesrepublik einfach nachzuvollziehen. Zwar ist auch für die mittel- und osteuropäischen Länder mit der Befreiung vom Kommunismus die Rückkehr nach Europa frei, doch wird deren Rückweg ungleich komplizierter als jener der Ostdeutschen sein. Fürs erste haben die Deutschen auf die europäische Frage nur eine deutsche Antwort gegeben. Die umfassende europäische Antwort steht noch aus.

Dabei hatte es anfangs durchaus den Anschein, als wolle sich die Bundesregierung auf einen europäischen Weg begeben. Von einer Vertragsgemeinschaft gedachte man über konföderative Strukturen zum staatlichen Zusammenschluß zu kommen. Eine vernünftig terminierte Wirtschafts- und Währungsunion wäre auch unter diesen Bedingungen möglich gewesen. Doch dann fiel die Bundesregierung in hektischen Galopp und ließ sich auf ein Wettrennen um die nationalstaatliche Einheit ein. Im vergangenen Mai hat Peter Bender in der Zeitschrift »Merkur« bedauert, daß unsere europäischen Nachbarn auf diese Weise vor den Kopf gestoßen und verschreckt wurden: »Die Verbündeten wurden nicht konsultiert, oft nicht einmal informiert«, so schreibt er. »Die Deutschen taten, was sie für richtig hielten, der Rest der Welt hatte es zur Kenntnis zu nehmen. Eine deutsche Währungsunion wurde zur Hauptfrage, die europäische trat in den Hintergrund. Der DDR wurde sogleich das Recht gegeben, sich der EG anzugliedern; Polen, Tschechen, Slowaken und Ungarn müssen warten. Niemand in Bonn scheint empfunden zu haben, was das bedeutet. Die Deutschen, die durch Hitlers Krieg ihren Ost-Nachbarn den Kommunismus verschafft haben, bekommen als erste die Möglichkeit, dessen Folgen zu überwinden; die Deutschen, die Europa zerstört haben, erhalten als erste im Osten Zugang nach Europa. Praktische und politische Gründe empfahlen diese Bevorzugung, doch wenn nicht der Anstand, so hätte die Einsicht erfordert, daß Bonn sich vernehmlich und energisch zum Anwalt eines EG-Beitritts der anderen befreiten Mitteleuropäer gemacht hätte« – gleichsam eine Solidarität der Deutschen mit den Opfern des von Hitler vom Zaun gebrochenen Kriegs.

Bundeskanzler Kohl aber tat das genaue Gegenteil. Als ob es darum ginge, alle Vorurteile gegen deutsche Arroganz und Unberechenbarkeit erneut zu wecken, drückte er sich monatelang davor, die Oder-Neiße-Grenze als endgültig zu bestätigen. Es war dies ja nicht das erste Mal, daß der Bundeskanzler vor lauter Deutschland den »Rest« der Welt aus dem Blickfeld verloren hatte. Ausgerechnet in Israel hatte Helmut Kohl von der Gnade der späten Geburt gesprochen. Doch er hatte diese Gnade nicht auf die Kinder der von Deutschen ermordeten Juden bezogen, auf die Kinder der Polen, der Holländer, der Franzosen, auf alle, die das Glück hatten, noch nicht geboren zu sein, als Hitlers Armeen über die europäischen Völker herfielen. Helmut Kohl hatte von sich selbst gesprochen – von sich, dem Deutschen.

Es geht mir hier nicht um einen nachträglichen Vorwurf. Es geht mir darum, die Selbstbezogenheit einer politischen Denkweise zu beleuchten. Gerade weil die kollektive Selbstbezogenheit der deutschen Politik in der Vergangenheit so viel Unheil auch über Deutschland gebracht hat, läßt sich diese Vergangenheit nicht über eine neue Selbstbezogenheit bewältigen. Eine *Gnade der späten Geburt* widerfuhr zunächst den Kindern der Opfer und nicht den Kindern der Täter. Wenn wir Deutschen eine Lehre aus der Vergangenheit ziehen müssen, dann ist es die, daß die deutsche Politik den Rest der Welt nicht mehr aus dem Blickfeld verlieren darf.

Zwar bin ich der Meinung, daß sich eine gute Deutschlandpolitik ganz an der Zukunft und nicht an der Vergangenheit ausrichten muß, doch soll das beileibe nicht heißen, daß eine solche Politik nicht auch die Lehren aus der Vergangenheit zu beherzigen hätte. Das zukünftige Deutschland kann ja nicht von heute auf morgen völlig neu gedacht und neu gestaltet werden. Selbstverständlich schlagen sich in den politischen Antworten auf die neuen Fragen auch die gesellschaftlichen Prozesse und die politischen Auseinandersetzungen der davorliegenden Jahrzehnte nieder. Die ideologischen Auseinandersetzungen um die deutsche Geschichte, die grundsätzlichen Wertorientierungen der Politik fließen in die jeweiligen Zukunftsentwürfe ein. Jeder Versuch, der Vergangenheit zu entkommen, wäre zum Scheitern verurteilt. Vergangenheit ist immer auch Gegenwart. Mit der Aufarbeitung ihrer Vergangenheit taten sich die Deutschen ja schwer genug. Auch die Ängste der Nachbarn vor einem Wiedererstarken des deutschen Nationalstaats darf niemand übersehen. Die Europäer haben mit dem deutschen Nationalstaat viel zu schlechte Erfahrungen gemacht, als daß sie jetzt, da die Vereinigung der beiden deutschen Staaten ausgemacht ist, die Rolle vergessen könnten, die der deutsche Nationalstaat in der Geschichte gespielt hat. Nach dem Zweiten Weltkrieg ist die Mitgliedschaft der Bundesrepublik in der Europäischen Gemeinschaft und in der Nato nicht zuletzt deshalb von vielen befürwortet worden, weil man einen Rückfall der Deutschen in nationalstaatliches Denken erschweren wollte.

Jetzt, da die Bundesregierung, die das Gesetz des Handelns diktieren konnte, unwiderruflich einen nationalstaatlichen Weg zur deutschen Einheit beschritten hat, macht es keinen politischen Sinn mehr, einen anderen Weg vorzuschlagen und seine Etappen darzustellen. Wäre für die Bundesregierung nicht das derzeitige Ergebnis der Geschichte ausschlaggebend gewesen, sondern deren Entwicklung, hätte es nur einen europäischen Weg zur deutschen Einheit geben dürfen – einen Weg, der von dem Grundsatz ausgegangen wäre, daß der Nationalstaat auf einer höheren Ebene der Integration in Zukunft »aufgehoben« wird und daß eine solche transnationale Integration mehr denn je die Ausrichtung des politischen Handelns an universalistischen Kriterien erfordert. Dies gilt für die Herausbildung einer neuen europäischen Identität nicht weniger als für die Herstellung der sozialen Gerechtigkeit im zukünftigen Europa.

Die föderalistische Tradition Deutschlands hätte es nahegelegt, über eine Konföderation der beiden deutschen Staaten zur Einheit der Gesellschaft zu gelangen. Damit wäre gleichsam der Grundstein für eine zukünftige europäische Konföderation gelegt worden. Nachdem diese europäische Option grundsätzlich verworfen wurde, gilt es jetzt, soviel wie möglich davon für das vereinte Deutschland zu retten. Das föderalistische Prinzip, das die innere Ordnung des neuen, größeren Bundesstaats strukturiert, muß fortan stärker betont werden. Dieses

Ziel ist mit Sicherheit dann nicht zu erreichen, wenn jetzt im Zuge einer Neugliederung des Bundes die Zahl der Bundesländer einfach verringert würde, indem man sie zusammenlegt. Der Föderalismus beruht auf dem Prinzip der Dezentralisierung. Die Zusammenlegung kleinerer Länder aber würde dem gegenläufigen Prinzip der Zentralisierung folgen. Wie also sollte sich eine solche Neugliederung auf eine Stärkung des Föderalismus reimen?

Der geschichtliche Zufall hat es den Konservativen an die Hand gegeben, daß sie, weil sie gerade an der Regierung waren, dem Prozeß der deutschen Vereinigung den Stempel ihrer eigenen Prioritäten aufdrücken konnten. In dem Maße, wie sich Konservative seit eh und je in den nationalen Kategorien der Staatsmacht heimischer fühlen als in den universalistischen Kategorien der Gesellschaft, gaben sie der staatlichen Vereinigung den Vorrang vor der gesellschaftlichen Einheit. Nachdem die staatliche Einheit vollzogen ist, wird allerdings weniger staatspolitische und mehr gesellschaftspolitische Kompetenz gefragt sein, wird die nationale zur sozialen Frage. Dies aber ist das Terrain der Sozialdemokratie.

Wie kaum ein anderer Politiker verkörperte Winston Churchill während des Krieges den Kampfesmut und den Widerstandswillen der Briten gegen Nazi-Deutschland. Er, der Zivilist, galt als Kriegsheld par excellence. Nachdem der Krieg siegreich beendet war, haben die Briten begriffen, daß es zur Lösung der großen sozialen Probleme, die der Frieden mit sich brachte, keines »Kriegshelden« mehr bedurfte. Sie »dankten« dem konservativen Churchill auf rationale Weise – indem sie eine Labour-Regierung wählten.

VI. Die soziale Frage steht über der nationalen Frage

Die gravierendsten Fehler, die der konservativen Regierung während des Einigungsprozesses unterliefen, sind:
- der Vorrang der staatsrechtlichen Vereinigung vor der gesellschaftlichen Einigung oder der Primat der Ideologie vor dem wirklichen Leben;
- der Vorrang einer spezifischen Währungsunion vor der Wirtschafts- und Sozialunion und damit die Zerstörung des Produktionsstandortes DDR für eine lange Zeit.

Noch kürzer ausgedrückt: die falsche Wirtschafts- und gesellschaftspolitische Ordnungspolitik für die DDR und für die Bundesrepublik, auf deren Grundlage die Vereinigung sich vollzieht.

Die Moral der Währungsunion

Lothar de Maizière hat in seiner Regierungserklärung davon gesprochen, daß die Aufhebung der Teilung Deutschlands nur durch Teilen zu bewerkstelligen sei. Teilen nämlich zwischen der relativ reichen Bevölkerung in der Bundesrepublik und der relativ armen Bevölkerung in der DDR. Obwohl die DDR noch 1988 den 11. Platz auf der Rangliste der Industrieländer einnahm (gemessen am Bruttosozialprodukt pro Kopf), ist das unterschiedliche Wohlstandsniveau in den beiden deutschen Ländern nicht zu leugnen. Mit der Öffnung der Grenze am 9. November 1989 begann die naturwüchsige

Form des »Teilens«. Eine große Zahl von Übersiedlern wollte teilhaben an den Segnungen des effizienteren Wirtschaftssystems. Für den Fall, daß einer keine Arbeit fand, wollte er wenigstens an der sozialen Sicherheit der Bundesrepublik partizipieren, die in einigen Fällen unterm Strich mehr Lebensstandard versprach, als es sich mit den DDR-Löhnen und Gehältern hätte realisieren lassen – von den leeren Regalen dort einmal abgesehen.

Die Belastung des sozialen Netzes in der Bundesrepublik, die zusätzliche Belastung des ohnehin schon knappen Wohnraums und die Schwierigkeiten der kommunalen Integration waren der Preis, den die Bundesbürger für diese naturwüchsige Form des »Teilens« zahlen mußten.

Weit schwerer aber wogen die Nachteile für unsere Mitbürger in der DDR. Das Wirtschaftssystem – schon vor Öffnung der Grenzen aus der Balance geraten – drohte durch diese Entwicklung noch weiter ins Schwanken zu geraten. Denn es gab viele junge qualifizierte Menschen, die aus der DDR kommend in der Bundesrepublik ihr Glück versuchten. Sie fehlen heute für den Wiederaufbau der Wirtschaft in der früheren DDR. Regional brachen die medizinischen Versorgungssysteme in der DDR zusammen, weil viele Ärzte, Krankenschwestern und -pfleger ihr Heil in der Bundesrepublik versuchen wollten. Den Preis dafür müssen nun die Bürger der fünf ostdeutschen Bundesländer bezahlen.

Ich habe schon frühzeitig darauf hingewiesen, daß mit der Öffnung der Grenzen die Entwicklungen in beiden Teilen Deutschlands im Zusammenhang gesehen werden müssen. Auch ohne eine staatsrechtliche Vereinigung hat die Öffnung der Grenze die beiden Teile Deutschlands in eine Schicksalsgemeinschaft eingebunden.

Die Bundesregierung – dem staatsrechtlichen Denken verhaftet – hat viel zu spät auf diese Entwicklung reagiert und wurde danach von einer Art »Torschlußpanik« befallen. Ohne Zweifel muß auf lange Sicht das Wohlstandsgefälle zwischen beiden Teilen Deutschlands oder – nach der Vereinigung – zwischen den Regionen Deutschlands geglättet werden. Aus der Wirtschaftsgeschichte wissen wir, daß Menschen bereit sind, Einkommensunterschiede von etwa 30 Prozent in Kauf zu nehmen – auch bei offenen Grenzen, weil sie eben doch nicht so reagieren, wie der »Homo oeconomicus«. Sie haben ihre Verwandtschaftsbindungen, ihre Freunde, kurz: eine vertraute Umwelt, die nicht auf Heller und Pfennig gegengerechnet werden kann.

Im April 1990 entschloß sich die Bundesregierung, der naturwüchsigen Form der Teilung eine staatlich geordnete Form der Teilung entgegenzusetzen, die mit ihrem Vertragspartner, der demokratisch gewählten Regierung de Maizière in der DDR, ausgehandelt werden sollte. Man verständigte sich auf das Instrument des Staatsvertrags, mit dem Kernstück einer Währungsunion, einer Wirtschaftsunion und einer Sozialunion. Mit dem Instrument des Staatsvertrags wurde die Notwendigkeit zu teilen gesetzlich geregelt.

Innerer Kern des Staatsvertrags ist die Währungsunion, die am Montag, dem 2. Juli 1990, in Kraft getreten ist. Beide Regierungen haben sich auf eine spezifische Form der Währungsunion geeinigt: Die Währung der DDR würde innerhalb von sechs Tagen durch die Währung der Bundesrepublik ersetzt werden. Danach verfügte die DDR weder über eine eigene Währung, noch über eine autonome Währungspolitik. Sie ist in den Gremien der Deutschen Bundesbank beratend vertreten.

Erst nach der Gründung der Länder und den Landtagswahlen – also am 14. Oktober 1990 – kann die DDR Vertreter in den Zentralbankrat entsenden.

Diese spezifische Form der Währungsunion erfordert die *einmalige* Festsetzung eines Umstellungskurses von Mark auf D-Mark. Nach langem Hin und Her und buchstäblichem Auf und Nieder verständigte man sich auf folgenden gespaltenen Umstellungskurs: Die Löhne und die Renten, sowie die Sparguthaben bis zu einem Höchstsatz von 4000 Mark pro Person, sollen im Verhältnis 1:1 umgestellt werden. Die Schulden der Betriebe sollen in einem Verhältnis von 2 Mark zu 1 D-Mark umgestellt werden. Der Währungsaustausch ist gesetzlich geregelt und fand bereits 14 Tage nach seinem Beginn seinen definitiven Abschluß. Was nichts anderes bedeutet, als daß alle Bargeldbestände und alle Bilanzen auf D-Mark umgestellt worden sind.

Mit der Währungsunion zugleich und *durch* die Währungsunion sollte die deutsche Wirtschaftsunion entstehen. Meines Erachtens liegt dem ein *Denkfehler* der konservativen Regierung zugrunde: Während der monetäre Prozeß der Währungsunion gesetzestechnisch und organisatorisch bewältigt werden kann, wir also ihr Ende genau fixieren können, hat die Entwicklung zur Wirtschaftsunion zwei Seiten. Zum einen müssen in der DDR die gesetzlichen Grundlagen für eine soziale Marktwirtschaft geschaffen werden, zum anderen müssen realwirtschaftliche Prozesse in Gang kommen, mit denen die Idee von der Wirtschaftsgemeinschaft konkret umgesetzt werden kann. Während das erste durch die Gesetzgebung der DDR mehr oder minder gut vollzogen wurde, hängt der realwirtschaftliche Prozeß davon ab, ob westliche Investoren sich in erforderlichem Maße in Ostdeutschland engagieren. Und genau da setzt in der Bundesregierung langsam Katerstimmung ein: Man erkennt, in einer Wirtschaft, die der Weltmarktkonkurrenz ausgesetzt ist, gibt es nur einen begrenzten Raum für ein nationales oder karitatives Engagement.

Der Produktionsstandort »DDR«

In den Jahren 1988 und 1989 wurde in der Bundesrepublik eine Debatte ausgetragen, die sich um die Wettbewerbsfähigkeit der Bundesrepublik Deutschland als Produktionsstandort drehte. Die Bundesregierung beteiligte sich damals aktiv an einem Diskurs, der die angeblich übermäßige Belastung der bundesdeutschen Wirtschaft mit Steuern, Löhnen und Sozialabgaben reklamierte. Gegenwärtig beteiligt sich kein Vertreter der Bundesregierungsparteien öffentlich an einem solchen Diskurs, obwohl der doch jetzt wahrlich angebrachter wäre. Ist die DDR nach der »Operation Währungsunion« als *Produktionsstandort* wettbewerbsfähig?

Ich meine, mit der Währungsunion in dieser Form haben wir einem regionalen Abbau von Industrien in der DDR Vorschub geleistet. Zunächst einmal kann man gut verstehen, daß sich die Menschen in der DDR über die D-Mark freuen. Mit der D-Mark genießen sie eine Konsumfreiheit, die weit über das hinausreicht, was den Menschen in der DDR an Eigenprodukten angeboten wird. Die D-Mark ist für die Menschen in der DDR der Schlüssel zum Weltmarkt. Sie können jetzt bundesdeutsche, amerikanische, japanische Produkte erwerben. Aus den psychologisch verständlichen Unterlegenheitsgefühlen und allen daraus hervorgehenden Ressentiments gegen

DDR-Produkte werden sie davon auch regen Gebrauch machen – es sei denn, die DDR-Produkte wären deutlich billiger als westdeutsche Produkte. Hier und da werden auch absurde Kreisläufe entstehen: Produkte werden in der DDR produziert, in die Bundesrepublik exportiert, über den westdeutschen Versandhandel wieder in die DDR importiert und finden dann als Waren »Made in Germany« ihren vorher resistenten Käufer.

Ohne Zweifel ist die Währungsunion für die DDR-Bürger zunächst ein Gewinn. Das Wohlstandsniveau wird angeglichen.

Ein realistischer, an der Produktivität orientierter Umstellungskurs, hätte wohl bei 1:3 gelegen. Das Währungsgefälle mit dem Kurs 1:1 zu nivellieren hat den Menschen in der DDR ermöglicht, mehr Westwaren von meist besserer Qualität zu kaufen. Da die Bevölkerung in der DDR – ohne daß man ihr einen Vorwurf daraus machen kann – die Wirtschaft aus dem Blickwinkel der Verteilung beurteilt, war dies ein schönes Geschenk. So jedenfalls Bundeswirtschaftsminister Haussmann. Darüber hinaus hat sich die Bundesregierung bereiterklärt, soziale Härten, z. B. im Falle niedriger Renten, auszugleichen. Niemand – so lautet die Philosophie – solle schlechter gestellt sein als zuvor. Ich weiß auch nicht, aus welchen Quellen sich die prophetische Gabe der Bundesregierung speist: Immerhin hat sie den Menschen garantiert, daß es ausgerechnet in einer Marktwirtschaft nur Gewinner gäbe.

Irgendwann aber ist jedes Sparguthaben aufgezehrt, und man muß dafür Sorge tragen, daß es immer wieder aufs neue gefüllt wird. Die derzeitigen Rücklagen sind Bestandsgrößen, wie Ökonomen das nennen, für die wirtschaftliche Dynamik aber ausschlaggebend sind die

Flußgrößen. Wer nicht gerade im Lotto gewonnen hat, oder wem nicht gerade ein reiches Erbe in Aussicht steht, der kann seine Konten nur wieder füllen, wenn er als selbständig oder unselbständig Arbeitender Geld verdient. Die zentrale Frage ist also: Haben wir durch die spezifische Art der Währungsunion dafür gesorgt, daß es der DDR leichter fällt, ihre in D-Mark auszuzahlenden Löhne auch selbst zu erwirtschaften?

Diese Frage beantworte ich mit einem klaren Nein. Zwar ist es richtig, wie der Vizepräsident der Deutschen Bundesbank erklärte, daß die Umstellung der Löhne nach einem Wechselkurs von 1:1 nur für eine »logische Sekunde« gilt. Danach werden in einer Marktwirtschaft die Löhne durch die Tarifparteien ausgehandelt. Faktisch aber, so muß man vermuten, wird durch den Umstellungskurs von 1:1 das neue Mindestlohnniveau in der DDR festgelegt. Es kommt hinzu, daß die Absatzmärkte für DDR-Produkte praktisch ruiniert werden. Und es ist sehr fraglich, ob der Osthandel diese Lücke ausfüllen kann. Kaum einer wird noch einen Trabant kaufen, wenn er für ein paar D-Mark mehr auch einen Polo oder einen Golf kriegen kann. Ähnliches gilt für Kühlschränke und andere Haushaltsgeräte. Vieles – nicht alles –, was in den Spätsommermonaten mit der Wirtschaft der DDR geschah, konnte man voraussehen: es sei denn, man spielte »blinde Kuh«. Damit es keine Mißverständnisse gibt: Realwirtschaftliche Unterschiede sind monetär weder aufzuheben, noch auf Dauer zu verschleiern. Die Wirtschaft in der DDR hätte aber wenigstens zwei Jahre Zeit gebraucht, um den Umstrukturierungs- und Modernisierungsprozeß einigermaßen geordnet zu vollziehen. Nach Schätzungen von Fachleuten werden wir mit folgender Entwicklung im *produzierenden Gewerbe* rechnen müssen: Etwa 25 bis 30 Prozent der Betriebe werden nach der Umstellung auf D-Mark kurzfristig in Konkurs gehen. Weitere 25 bis 30 Prozent werden große Probleme damit haben, sich umzustellen. Dennoch können sie als Betriebe eventuell überleben, wenn die Arbeit anders organisiert, Personal in größerem Umfange abgebaut wird. Die restlichen Betriebe werden nach Umstrukturierungen dem Wettbewerb standhalten.

Die Lage in der DDR spitzt sich noch zu, weil die wettbewerbsfähigen und die konkursanfälligen Betriebe keineswegs gleichmäßig über das Land verteilt sind. Ich kenne im Saarland die regionalen Verwerfungen, die damit verbunden sind, daß der größte Arbeitgeber in Schwierigkeiten gerät. Davon sind nicht allein die Zulieferbetriebe berührt; da kann, wenn man auf Bruchlösungen setzt, die Vitalität einer ganzen Region ausgelöscht werden.

Marie Jahoda und ihr Mann Paul Lazarsfeld haben 1933 die Studie »Die Arbeitslosen vom Mariental« veröffentlicht. In Mariental, einem kleinen Ort in Österreich, mußte der größte Arbeitgeber, eine Schuhfabrik, schließen. Die beiden engagierten Wissenschaftler beobachteten die Folgen dieses Konkurses über mehrere Jahre. Sie machten bedrückende Erfahrungen in einer Region, deren Alltag von Arbeitslosigkeit geprägt war: Vor allem griff offenbar eine erschütternde psychologische Lähmung um sich, gewissermaßen eine kollektive Mentalitätsveränderung. Hatte die Durchschnittsgeschwindigkeit, mit der sich ein vitaler Mensch nicht nur in Mariental, sondern auch andernorts fortbewegt, bislang vier Stundenkilometer betragen, so bewegten sich am Ende ihres Niedergangs die Menschen in Mariental gerade noch mit einem Tempo von zwei Stundenkilometern fort.

Ein gesellschaftlicher Zustand lähmte eine angeborene Motorik.

Den regionalen Verwerfungen in der DDR kann weder durch allgemeine Gesetze, noch durch allgemeine »Gießkannen-Programme« geholfen werden. Für diese Krisenregionen braucht man intelligente Entwicklungskonzeptionen, die auf die Bedürfnisse der Region zugeschnitten sind. Ich sehe nicht, daß sich die Bundesregierung um dieses Problem ausreichend kümmert.

Die »Bundesregierung Kohl« war wohl der Meinung, daß in dem Maße, wie in der DDR Gewerbebetriebe kaputt gehen, Dienstleistungsbetriebe aufgebaut werden. Nun ist es ohnehin fraglich, ob eine Wirtschaft vital sein kann, die sich nur auf standortgebundene Dienstleistungen stützt. Die im Trend liegende Vorstellung, Dienstleistungen für das A und O der modernen Gesellschaft zu halten, verkennt, daß die Modernität einer Wirtschaft eher von den *produktionsnahen* Forschungs- und Entwicklungsdienstleistungen repräsentiert wird. Und die Bundesregierung verkennt, daß es in der DDR den Typus des »Kaufmanns« nicht mehr oder noch nicht wieder gibt.

Es bleibt ihre einzige Hoffnung, daß westliche Investoren – nach Bereinigung der Eigentumsgesetze – die Wirtschaft der DDR Huckepack ins Wohlstandsglück tragen. Die Bundesregierung hat einen Scheck ausgestellt, für den andere geradestehen müssen. Bisher jedenfalls ist von einem dramatischen Investitionsschub nichts zu spüren.

In Zeiten wie diesen ist es riskant, wirtschaftliche Prognosen abzugeben. Vieles aber spricht dafür, daß wir es für die unmittelbar vor uns liegende Gegenwart mit mehreren Phasen wirtschaftlicher Entwicklung in der DDR zu tun haben. Zunächst werden sich die Menschen darüber freuen, daß sie die D-Mark in Händen halten und westliche Qualitätsgüter kaufen können. Es wird eine Exportoffensive der bundesdeutschen Unternehmen geben – und die Wirtschaft hier genießt einen zusätzlichen Wachstumsschub, weil sie sich einen zusätzlichen Absatzmarkt erschließt. Danach, etwa ein halbes Jahr später, werden insbesondere die Betriebe des warenproduzierenden Gewerbes in Liquiditätsschwierigkeiten kommen. Der Anpassungsschock wird so gewaltig sein, daß die Folgen auf die Wettbewerbsfähigkeit der DDR-Produktion durchschlagen und zu Beschäftigungskrisen mit regionalen Verwerfungen führen werden. Es wird eine Kumulation der Risiken entstehen. Solange die Infrastruktur der DDR nicht entwickelt ist, wird es keine privaten Investitionen geben, die auch hier annähernd eine Lösung des Problems in Aussicht stellen.

Es ist der alte Makel konservativ-liberaler Wirtschaftspolitik: Öffentliche Infrastrukturleistungen als korrespondierende Investitionen, die nun einmal private Renditen erst sichern können, werden systematisch unterschätzt.

Die Rolle der Sozialunion

Mit Hilfe der Sozialunion glaubt die Bundesregierung offenbar, alle Entwicklungen abgefedert zu haben. Der Aufbau einer Arbeitslosen- und Rentenversicherung nach unserem Muster ist eine sinnvolle Sache, aber bereits die Entwicklung von Renten- und Arbeitslosenversicherung in der Bundesrepublik in den letzten zehn Jahren der Massenarbeitslosigkeit zeigt, daß beide Sozialinstitutionen keine autonome Quelle des privaten Reichtums sind. Die Anschubfinanzierung der sozialen Versicherungssysteme in der DDR durch die Bundesbürger ist nur dann hinreichend, wenn die Arbeitslosigkeit in der DDR im Rahmen bleibt – wofür derzeit nichts spricht. Ansonsten ist die Anschubfinanzierung unzulänglich. Es ist nun mal noch keine Wirtschaft erfunden worden, die mehr verteilen kann, als sie produktiv erwirtschaftet. Da die Bundesrepublik mit dieser Währungsunion ihr Versprechen zum Ausdruck brachte, mit ihrer eigenen wirtschaftlichen Entwicklung für die Entwicklung der Wirtschaft in der DDR einzustehen – wie Professor Kurt Biedenkopf es sinngemäß formulierte – müssen die zusätzlich anfallenden Kosten durch die Bundesbürger finanziert werden. Ob dies auf dem Weg zusätzlicher Verschuldung, einer Anhebung der Mehrwertsteuer oder einer Anhebung der Einkommensteuer geschieht, ist zunächst einmal von sekundärer Bedeutung.

Schon jetzt – im Sommer 1990 – sind die sozialen Sicherungssysteme einschließlich der Krankenversicherung, total überlastet und müssen mit zweistelligen Milliardenbeträgen aus der Bundesrepublik aufgestockt werden.

Die realen Folgen dieser speziellen Währungsunion werden vermutlich folgende sein: In einer ersten Etappe wird es eine vorübergehende Nivellierung des Wohlstandsgefälles zwischen beiden Teilen Deutschlands geben; in einer zweiten Etappe kommt es zu einer zunehmenden Spaltung *der wirtschaftlichen Dynamik* in beiden Teilen Deutschlands; in einer dritten Etappe wird der zunehmend breitere Graben zwischen beiden Wohlfahrtsniveaus mit Subventionen aus dem bundesdeutschen Haushalt künstlich zugeschüttet werden. Und selbstverständlich werden Gelder für öffentliche Investi-

tionen folgen – durch den Zeitverzug in größerem Umfang.
  Wie sich diese Verteilung innerhalb der beiden deutschen Staaten auswirkt, liegt ebenfalls auf der Hand. Von der Erschließung eines neuen Absatzmarkts wird die bundesdeutsche Exportwirtschaft, insbesondere aber auch der Versandhandel profitieren.
– Im extremen Falle werden die Produktionsstandorte bis an die Grenzen der DDR vorgeschoben, und die DDR wird von der Bundesrepublik aus beliefert.
– Da die Infrastrukturleistungen über die Sozialunion im Krisenfalle über öffentliche Gelder finanziert, beziehungsweise subventioniert werden müssen, wird der bundesrepublikanische Haushalt belastet. Wie diese Belastung im einzelnen aussieht, hängt von der Art der Finanzierung ab.
– In der DDR wird es eine größere Differenzierung der Einkommen geben. Diese ist nicht schon in sich falsch. Problematisch wird sie nur, wenn dem Anstieg der Einkommen derjenigen, die in Wachstumsbranchen arbeiten, ein Anwachsen der Arbeitslosigkeit durch den Konkurs von Betrieben gegenübersteht.

Gerechtigkeit hier und dort

Aus sozialdemokratischer Sicht werden bei dieser Art des Vorgehens mehrere Prinzipien der sozialen Gerechtigkeit elementar verletzt. Noch zur Eröffnung der Hannover Messe am 2. Mai 1990 sagte Bundeskanzler Kohl: »Die Wirtschafts- und Währungsunion verlangt von niemandem hierzulande Sonderopfer«. Er denkt eben in rein fiskalischen und nicht in volkswirtschaftlichen Kategorien, sonst hätte er längst bemerkt, daß der Anstieg der Zinsen direkt mit der Währungsunion zu tun hatte. Und in einer Fernsehansprache zum Staatsvertrag versprach der Bundeskanzler den Menschen in der DDR: »Den Deutschen in der DDR kann ich sagen, was auch Ministerpräsident de Maizière betont hat: Es wird niemandem schlechter gehen als zuvor – dafür vielen besser.«

Für viele Bürger in der DDR muß dies heute wie Hohn klingen. Wie recht hatte doch Kurt Biedenkopf, als er im August 1990 in der Zeitschrift Capital schrieb: »Wir haben den Deutschen in der DDR zuviel versprochen. Wir haben gesagt, es gäbe ein Wirtschaftswunder. Wir haben gesagt, die Einheit koste nichts. Wir haben hohe Wachstumsraten vorausgesagt. Namhafte Bonner Politiker gingen sogar soweit, die DDR-Bürger zur Dankbarkeit dafür aufzufordern, daß wir ihnen die D-Mark als das Kostbarste, das wir haben, auf dem Silbertablett präsentieren. Mit solchen Reden haben wir unerfüllbare Erwartungen geweckt. Sie können von der Realität nicht eingelöst werden. Das muß zu Enttäuschungen führen.«

Die staatliche Vereinigung Deutschlands sollte die ohnehin vorhandene Spaltung innerhalb der bundesrepublikanischen Gesellschaft nicht vergrößern. Und zwar gilt dies auf beiden Ebenen: Sowohl auf der Ebene zwischen Betrieben und Arbeitnehmern als auch auf der Ebene der Arbeitnehmer untereinander. Nun droht jedoch genau die Vertiefung dieser Spaltung. Manch einem mag die Erinnerung an die Prinzipien der sozialen Gerechtigkeit als kleinmütig erscheinen angesichts der historischen Tragweite der vor uns liegenden Ereignisse. Es gibt die Chance, die deutsche Vereinigung zu einem Stabilitätsfaktor in Europa zu machen. Aber wir sind gut beraten, wenn wir das moralische Pathos nicht überziehen.

Denn die Interessen der Menschen in der Bundesrepublik und in der DDR stimmen nicht überein. Die Bundesregierung hätte daher gut daran getan, die Akzeptanz der Vereinigung der beiden deutschen Staaten zu vertiefen. Sie hat sich zu sehr auf die oberflächliche Orientierung an sozialwissenschaftlichen Umfragedaten verlassen. Als sie merkte, wie weit die Oberfläche und die Tiefenschichten auseinanderzubrechen drohten, flüchtete sie sich in die Defensiv-Strategie ohne realistische Annahmen. Sie versprach – »everybody's darling« gleich – jedem Mann und jeder Frau nur Gutes auf beiden deutschen Seiten. Auf diese Weise wird es ihr nicht gelingen, die in beiden deutschen Staaten ja vorhandene Solidarität auch zu wecken.

Die Bundesregierung entschuldigt sich damit, daß der Termindruck der deutschen Vereinigung alleine durch die Menschen in der DDR verursacht wurde. Das ist nicht ganz falsch – aber es ist auch nicht ganz richtig. Die Politik der Bundesregierung war eine eigentümliche Melange zwischen Versäumnissen einerseits, falschen und verfrühten Festlegungen andererseits. Noch vor drei Monaten, so sagte der Fraktionschef der DDR-SPD, Schröder, wären die Bürger in der DDR für einen Wechselkurs von 1:3 dankbar gewesen.

In ihrer Mehrzahl hatten sie kaum eine Chance überhaupt an Westgeld zu kommen. Die Bundesregierung ließ diese Chance für die DDR-Wirtschaft ungenutzt und entschloß sich zu einem Währungsaustausch mit einem festgelegten Umstellungskurs. Damit hat sie sich eines Gestaltungsinstruments des wirtschaftlichen Ablaufs in der Zeit beraubt. Die Bundesregierung versäumte wirksame Schritte in der Übersiedlerpolitik und benutzte gleichzeitig die ansteigende Zahl der Übersiedler als Argument für ihren rabiaten Kurs. Und nicht zuletzt erpreßte die Bundesregierung mit ihrem aggressiven Termindruck die SPD dazu, eine äußerst kritische Haltung einzunehmen, die der Öffentlichkeit nur schwer zu vermitteln war. Die SPD konnte einer Politik nicht zustimmen, mit der das Risiko einer überhöhten Arbeitslosigkeit in der DDR in Kauf genommen wurde. Sie konnte den Vollzug des Staatsvertrags aber auch nicht mehr ablehnen. Die Ordnung der Vereinigung war zwar falsch, aber ein Boykott des Staatsvertrags hätte in ein unabwendbares Chaos geführt.

Es hat im Laufe des letzten halben Jahres genügend Alternativvorschläge zu dem Kurs der Kohl-Regierung gegeben. Auch Mitglieder des Sachverständigenrats äußerten sich nicht nur kritisch, sondern zeigten auch Auswege aus der Krise. Aber der Bannstrahl der Geschichte hatte diese Bundesregierung bis ins Mark getroffen. In Demokratien müssen sich Regierungen aber nicht nur vor der Geschichte rechtfertigen, sondern auch vor den Wählern.

Ich erinnere noch einmal daran, was ich bereits im ersten Kapitel gesagt habe: Laut Auftrag unseres Grundgesetzes wirken Parteien bei der politischen Willensbildung mit. Es ist also nicht ihre Aufgabe, den faktischen Mehrheitswillen einfach nachzuvollziehen. Durch ihre konkurrierenden politischen Angebote haben sie Einfluß auf die Willensbildung. Eine alte politische Erfahrung besagt, daß man gut daran tut, die Menschen da abzuholen, wo sie jetzt stehen. Damit ist gemeint, daß wir ihre Hoffnungen und Sorgen, ihre Unsicherheit und ihr Verständnis von ihren Interessen ernst nehmen. Wir sollten zu überzeugen versuchen, statt zu überreden.

Wir alle kennen die Geschichte vom heiligen Martin,

der seinen Mantel mit einem armen Wanderer teilte. Angesichts der vor uns liegenden Einigung der beiden deutschen Staaten gilt es, nicht nur die Bereitschaft zum Teilen zu *wecken*, sondern auch das richtige Teilen zu *lernen*. Denn gut gemeint ist oft das Gegenteil von gut.

Richtiges Teilen

Richtig zu teilen heißt auch: Wo es erforderlich ist, muß kurzfristig investiert werden, um langfristige Kostenexplosionen zu verhindern. Ich habe viel Kritik – auch aus den eigenen Reihen – hinnehmen müssen, als ich den Vorschlag der Zwischenregierung Modrow unterstützte, 15 Milliarden bundesdeutscher Gelder sofort als Hilfsmaßnahmen in der DDR einzusetzen. Die Bundesregierung lehnte meinen Vorschlag mit dem Hinweis ab, sie sei nicht bereit, eine nicht vom Volk gewählte Regierung zu unterstützen. Das ist ideologisch borniert. Natürlich konnte es nicht darum gehen, der Regierung Modrow 15 Milliarden D-Mark so mir nichts dir nichts und ohne Zweckbindung zur Verfügung zu stellen. Vielmehr hätte die Bundesregierung von der Regierung der DDR verlangen müssen, daß sie klar benennt, in welche Projekte das Geld investiert werden soll. Die 15 Milliarden hätten dann anteilig für die Modernisierung des Energiesystems und für den Aufbau einer modernen Infrastruktur eingesetzt werden können. Selbst der Aufbau eines kommerziellen Telefonnetzes für Handel und Industrie wäre erwägenswert gewesen. Denn es ist ein Unding anzunehmen, daß westliche Investoren nur darauf warten, sich zu engagieren, wenn die Vermittlung eines Telefonferngesprächs zwei Stunden in Anspruch nimmt.

Eine solche realwirtschaftliche Entwicklungshilfe ist weder rechts noch links, sondern entweder effizient oder nicht effizient. Sie hätte die Startbedingungen zu einer Kapitaloffensive in der DDR erleichtert. Nicht die Regierung Modrow hätte davon profitiert – ihre Amtszeit wäre ohnehin abgelaufen, bevor sich erste positive Wirkungen gezeigt hätten –, sondern die Bevölkerung in der DDR.

Der Bundesregierung ist ihre Kritik an einer ideologischen Politik selbst zur Ideologie geraten. Das gleiche Strickmuster finden wir wieder bei der Währungsunion. Man tut den Menschen vermeintlich Gutes, weil man ihnen mehr Konsumfreiheit gewährt. Ich kann gut verstehen, daß die Menschen in der DDR mit dem »realen Sozialismus« zugleich die Produkte ablehnen, die unter seiner Ägide entstanden sind. Sie wollen eben nichts mehr zu tun haben mit einer Epoche, in der sie entweder Mitläufer waren, oder die sie zumindest nicht verhindern konnten. Dieser Boykott ist Ausdruck einer psychologischen Abrechnung mit der Vergangenheit – auch der eigenen Vergangenheit. Es war also richtig, den Menschen in der DDR den Zugang zu den westlichen Märkten zu eröffnen.

Gleichzeitig aber war es ein Fehler, den Produktionsstandort DDR an den Rand des Zusammenbruchs zu führen. Die langfristigen Kosten dieser Desperado-Strategie sind noch gar nicht abzusehen. Sie betreffen sowohl die Finanzierung der Sozialunion als auch die verdeckte Subvention der Löhne und Gehälter.

In der Bundesrepublik wirbt die CDU für ihre Sozialpolitik mit dem Slogan: »Hilfe zur Selbsthilfe«. Genau diese Form des richtigen Teilens wurde der Bevölkerung in der DDR versagt.

Es ist kaum zu erwarten, daß die Bundesregierung den

Mut aufbringen wird, den Bundesbürgern die Konsequenzen deutlich zu machen, die ihre falschen Entscheidungen zwangsläufig haben werden. Die Bundesregierung – ahnend, wie teuer diese Konsequenzen sein werden – hat aufkeimende Zweifel versucht auszuräumen: Sie hat versprochen, weder die Mehrwertsteuer, noch die Lohn- und Einkommensteuer in den nächsten Jahren zu erhöhen. Sie hat sich damit im Labyrinth ihrer falschen Versprechungen gefangen – ganz ähnlich wie der amerikanische Präsident Bush, der im Wahlkampf 1988 jegliche Steuererhöhung zur Reduzierung des amerikanischen Haushaltsdefizits ausschloß. Um einer vermeintlichen Glaubwürdigkeit willen hat Bush seine falsche Politik bisher konsequent weitergeführt. Die Folgen werden jetzt deutlich: Das Haushaltsdefizit steigt, die Belastungen der Kapitalmärkte nehmen zu, das Wachstum in Amerika geht zurück, und die öffentliche Infrastruktur bricht zusammen.

Die Bundesregierung flüchtete dann in einen vorgezogenen Wahltermin. Sie manipulierte am Grundgesetz. Aber den Notstand in der DDR konnte sie damit nicht unsichtbar machen.

Ich prophezeie nicht, daß es in Deutschland zu einer Katastrophe kommen wird. Es ist die Eigenschaft von Risikostrategien, daß sie begründete Prognosen nur selten zulassen. Und die Regierung hat es in der Hand, zusätzliche Kosten in dem verwilderten Budget des Staatshaushalts zu verstecken. Sie kann zusätzliche Schulden machen oder eine zusätzliche Inflationsrate in Kauf nehmen. Daß aber kurzfristige Versäumnisse – wie im Falle der Übersiedler – ihre langfristigen Folgen haben, das zumindest gilt.

Tiefgreifende Verwerfungen in der DDR-Wirtschaftsentwicklung sind bereits jetzt zu beobachten. Sollten sich die Ereignisse so entwickeln, wie ich es befürchte, dann wird sich die Regierung – im Gleichschritt mit einigen Leitartiklern – wieder in der Bedeutung der »historischen Stunde« aalen. Dann wird wieder an die Moral appelliert werden und nicht an die politische Urteilsfähigkeit. Und dann werden wieder kühne Beschlüsse gefaßt und nicht intelligente.

Zweifellos ist richtiges Teilen auch eine Frage der Moral. Zweifellos ist die deutsche Vereinigung nicht nur ein gesetzestechnischer, sondern ein moralischer und sozialer Vorgang. Seit langem werfe ich der Bundesregierung vor, hinter der staatsrechtlichen Dimension die soziale und die moralische Dimension zu vernachlässigen. Aber richtiges Teilen hat auch damit zu tun, daß wir die Folgen unseres Handelns präzise beurteilen können, und daß wir unsere Urteile immer wieder aufs neue überprüfen. Eine Politik des moralischen Appells kann eine Politik der praktischen Vernunft nicht ersetzen.

Wenn die Kohl-Regierung glaubt, ausgerechnet der Nationalstaatsgedanke würde bei den Menschen gewissermaßen die letzten Solidaritätsreserven mobilisieren, dann schätzt sie die Mentalität eines erheblichen Prozentsatzes der Bevölkerung grundsätzlich falsch ein.

Gleichheit und Ungleichheit

Im Rahmen des (gefährdeten) Zusammenwachsens beider deutscher Wirtschaften spielen fingierte, beziehungsweise fiktive Gleichheiten eine herausragende Rolle. Die unterschiedliche Geschichte der beiden deutschen Staaten, die sich länger als eine Generation dynamisch entwickelt haben, wird von einem Großteil der Kohl-Regierung beharrlich mißachtet. Diese Mißachtung der Geschichte ist kein Zufall: Es ist die direkte Folge einer staatsrechtlich fixierten Betrachtungsweise, genauer: Es ist die direkte Konsequenz aus einem ideologischen Menschenbild.

Unermüdlich hat Bundeskanzler Kohl den DDR-Bürgern im Wahlkampf Honig um den Bart geschmiert. Dazu gehörte auch seine gebetsmühlenartig wiederholte Aussage, die Menschen hier seien genau so fleißig wie die Menschen dort. Richtig daran ist, daß das Wohlstandsgefälle sicher nicht auf unterschiedliche Charaktereigenschaften in beiden deutschen Staaten zurückzuführen ist.

Ich habe bereits im ersten Kapitel darauf hingewiesen, daß ein solches Gefälle nicht aus mangelnder Motivation der am Wirtschaftsprozeß Beteiligten zu erklären sei, sondern aus der Mechanik eines unzulänglichen Wirtschaftssystems. Fahrlässig ist die Ansicht des Bundeskanzlers da, wo sie unterstellt, daß 40 Jahre Sozialismus die Menschen nicht von Grund auf verändert hätte. Hier kommt wieder das ahistorische, individualistische Freiheitspostulat des konservativen Menschenbildes zum tragen, in dessen Konsequenz der Mensch als ahistorisches, nicht gesellschaftliches und ungeselliges Wesen gedacht wird, das von Familienbande und Abstammung geprägt ist. Daß diese Menschen »Deutsche« sind wie du und ich, das genügt Helmut Kohl, um sie auch mit typisch deutschen »Charaktereigenschaften« zu versehen. Die Menschen in der DDR sind pünktlich, ordentlich und sauber, denn sie sind gewissermaßen von Natur aus Deutsche. Die 40 Jahre andauernde Entfremdung in einem System, das sie nur gegängelt hat, kann, so denkt man konsequent fort, durch die staatsrechtliche Vereinigung getilgt werden.

Vor Ort allerdings haben die Menschen andere Erfahrungen gemacht. Ich erinnere nur daran, daß die Übersiedlerwelle im Herbst letzten Jahres zunächst von einem Teil der Medien und von vielen Unternehmern begrüßt wurde, weil mit den qualifizierten Übersiedlern die Engpässe auf dem bundesdeutschen Arbeitsmarkt gemildert werden könnten. Gerade kleine und mittlere Unternehmer hängten in den Übersiedlerheimen Stellenangebote aus, die in vielen Fällen zu einer raschen Arbeitsvermittlung führten. Oft aber zeigte sich dann nach wenigen Monaten, daß die Menschen aus der DDR unseren Arbeitsrhythmus und unser Arbeitstempo nicht gewohnt waren. Die Arbeit in den Kommandowirtschaften wurde häufig einfach deshalb unterbrochen, weil die Materialzufuhr ins Stocken geriet. Die ideologische Forderung »Arbeit für alle um jeden Preis« führte zu Doppel- und Dreifachbesetzungen von Arbeitsplätzen. Bahro berichtet davon in seiner schon erwähnten Analyse. Die Monotonie einer nach sachfremden Gesichtspunkten organisierten Arbeit lähmte mit der Zeit jede private Initiative. Entlassen in die Freiheit waren viele Menschen in unserem System zunächst überfordert. Wohlgemerkt: Dies spricht nicht etwa gegen die Menschen in der DDR, sondern gegen die naive Unterstellung, 40 Jahre »realer Sozialismus« hätten keine Spuren im Alltagsleben der DDR-Bürger hinterlassen.

Das Denken der DDR-Bürger ist geprägt von einer Verteilungs- und Zuteilungsmentalität. Wie sollte es auch anders sein: Das Denken – da hat Marx recht – kann sich ja nicht auf phantastische Weise lösen von dem Leben, das es reflektiert. So war es kein Wunder, daß die

Verantwortlichen und die DDR-Bürger die Währungsunion primär als ein Instrument gesehen haben, mit dem ihrem Konsumbedürfnis mehr Waren zugeführt wurden. Die Bundesregierung kam an dieser Stelle ihrer Aufklärungspflicht nicht nach. Denn wie wäre es sonst zu verstehen, daß der größte Teil der Gelder, die in der Bundesrepublik bereitgestellt wurden, in den Konsum flossen, anstatt investiert zu werden. Geld, das konsumptiv verwendet wird, wird einfach verbraucht; Geld, das investiv verwendet wird, vermehrt sich. Es wäre Aufgabe der Bundesregierung gewesen, die DDR-Bürger über diese fundamentale Ungleichheit der Geldverwendung aufzuklären. Die Bundesregierung hat sich in dem schönen Schein gesonnt, den reichen Onkel zu spielen. Gleichzeitig hindert sie aber die Menschen in der DDR daran – ob nun bewußt oder nur aus Leichtsinn – auf den eigenen Beinen das Laufen zu lernen.

Gewiß ist es richtig, daß man schwimmen nur im Wasser lernen kann. Aber es trifft ebenso zu, daß man nur im Wasser in Gefahr gerät zu ertrinken.

Um den Wirtschaftskurs der Bundesregierung für die DDR plausibel zu machen, wurde ein alter Mythos strapaziert: die Währungsreform in der Bundesrepublik und die freie Marktwirtschaft des Ludwig Erhard. Ich will nicht leugnen, daß beides für den Wiederaufbau der Bundesrepublik von entscheidender Bedeutung war. Wenn ich von einem Mythos spreche, dann deswegen, weil man glaubt, diese Schablone würde auch auf die Situation in der DDR passen. 1949 gab es in der Bundesrepublik nicht die Gleichzeitigkeit des Ungleichzeitigen: Auf dem Territorium der Bundesrepublik gab es nur Zerstörung, nicht etwa eine ausgereifte Wirtschaft, die mit einer zurückgebliebenen Wirtschaft konfrontiert wurde. Dies eben meint die – historisch falsche – Metapher, daß jeder Mann und jede Frau mit 40 D-Mark begonnen hätte. Es ist der Glaube der Bundesregierung, mittels staatsrechtlicher und gesetzlicher Regelungen die Wirklichkeit normieren zu können. Man ist wohl der Meinung, daß allein die Gesetze der freien Marktwirtschaft hinreichend seien, um eine gedeihliche Entwicklung in der DDR zu garantieren. Hier kehrt sie wieder, die ahistorische Auffassung von den Bedingungen gesellschaftlicher Entwicklung. Statt fälschlicherweise Gleichheit zu unterstellen, hätte man bei der Ungleichheit beider Wirtschaften ansetzen müssen. Ein freier Wettbewerb unter gänzlich ungleichen Wettbewerbsbedingungen führt nur dazu, daß die Benachteiligten im Laufe des Prozesses stranguliert werden. Die *formale* Gleichheit der Wettbewerbsbedingungen wird das tatsächlich unterschiedliche Niveau nicht ausgleichen können. Die dem Kapitalismus innewohnende »produktive Zerstörung«, so Schumpeter, wird zwar auch in der DDR wirksam sein, aber deshalb wird sie noch lange nicht genug Kräfte freisetzen. Denn die durch Marktwirtschaft und Währungsunion fingierte Gleichheit zwischen den Wirtschaften in der DDR und in der Bundesrepublik gibt es nur in den Köpfen der Bonner Regierung. Wohl jeder würde es als zynisch betrachten, wenn man bei olympischen Spielen die Schwergewichtsboxer gegen die Fliegengewichtsboxer antreten ließe. Bezüglich der DDR-Wirtschaft aber wird genau dies getan: Sie soll mit der hochgezüchteten bundesrepublikanischen Wirtschaft in einer Leistungsklasse antreten.

Woher kommt diese Ausblendung der Realität im konservativen Politikentwurf? Diese Verklärung der Realität ist auch an anderen wichtigen Stellen sichtbar. Franz Josef Strauß hat einmal gesagt, er wäre sehr zufrieden damit, wenn die Bundesrepublik und die DDR ein Verhältnis hätten, wie die Bundesrepublik und Österreich. Er ließ offen, ob er damit das Verhältnis der beiden Staaten meinte oder das Verhältnis der beiden Völker. Auch ich war und bin der Meinung, daß es darauf ankommt, die Lebensbedingungen in beiden Ländern einander auf fortschrittliche Weise anzugleichen. Wenn es in beiden Ländern eine zivilisierte Gesellschaft gegeben hätte, in der Menschenrechte und bescheidener Wohlstand selbstverständlich sind, so wäre es mir als zweitrangig erschienen, mit welchen Nummernschildern die Autos umherfahren. Wo die Angleichung der Lebensverhältnisse rechtsverbindlich besser gelöst werden kann, macht die Verstaatlichung des Einigungsprozesses Sinn. Wie schon bei meiner Einschätzung der Wirtschaftslage beurteile ich auch den Aufbau des Staates konsequent aus der Sicht des Individuums. Größtmögliche Selbstverantwortung für jeden einzelnen ist die Richtschnur, an dem die gesetzgeberische Tätigkeit des Staates gemessen werden sollte.

Wenn hier allerdings von größtmöglicher Entfaltung des Individuums die Rede ist, denke ich selbstverständlich nicht an eine Kaspar-Hauser- oder eine Robinson-Crusoe-Situation. Der Überlieferung nach wurde Kaspar Hauser als Kind ausgesetzt und hatte erst im Alter von mehr als zehn Jahren Kontakt zu Menschen. Ihm fehlte jede Art von Sozialisation: Er war im wörtlichen Sinne ein unsoziales Wesen. Sich Kaspar Hauser als ein entwickeltes Individuum vorzustellen, ist abwegig. Robinson Crusoe rettete sich als einziger Überlebender eines untergegangenen Schiffs auf eine entlegene Insel. Er hat aber wenigstens das Logbuch gerettet, wie Marx ironisch anmerkte. Beide hatte das Schicksal dazu verdammt, in sozialer Isolation zu leben: gewiß Sonderfälle also, und nicht der Normalfall.

Ich sprach im ersten Kapitel davon, daß es gelte, die Autonomie der Individuen *in* der Geschichte und nicht *vor* der Geschichte zu bestimmen. Diese Autonomie, diese soziale Selbstverantwortung sind die Indikatoren, die den Zivilisationsgrad eines Staates anzeigen. Nach diesem Verständnis sind der Staat und seine Einrichtungen auf das Wohl der Menschen bezogen und nicht umgekehrt. Nach konservativem Verständnis rangiert der Staat vor der Gesellschaft. Deshalb kann die deutsche Vereinigung als vollendet angesehen werden, wenn sie staatsrechtlich abgeschlossen ist. Inwieweit die Lebensverhältnisse der Bürger davon berührt werden, ist erst in zweiter Linie wichtig. Um nicht mißverstanden zu werden: Menschenrechte und Bürgerrechte, alle Institutionen der Demokratie, haben einen hohen Eigenwert. Gerade DDR-Bürger, die diese Errungenschaften so lange entbehren mußten, haben dafür ein hohes Maß an Sensibilität entwickelt. Der Kampf um die Freiheit ist immer spannender als die Freiheit selbst, so hat Thomas Mann es einmal gesagt. Aber für mich ist die deutsche Vereinigung nicht dadurch abgeschlossen, daß die DDR oder ihre Länder nach Artikel 23 der Bundesrepublik beitreten und man sich auf Überleitungsgesetze oder einen zweiten Staatsvertrag verständigt. Was noch aussteht, ist die Vereinigung des Volkes, genauer gesagt, die Vereinigung der beiden Gesellschaften in Ost und West.

Das Denken in nur staatsrechtlichen Kategorien hat diese Bundesregierung dazu geführt, mir Vaterlandsverrat vorzuwerfen, und zwar, als ich auf das Problem der stetig anschwellenden Übersiedlerwelle aufmerksam machte. Staatsrechtlich gesehen hatte diese Bundesregierung recht: Alle Übersiedler konnten sich nach bundesdeutschem Recht darauf berufen, daß sie Anspruch auf unsere Sozialleistungen haben. Wie sehr der Massenexodus den Kern der DDR-Gesellschaft berührte hat die Bundesregierung ihrerseits merkwürdig unberührt gelassen. Glücklicherweise kann man sich darauf verlassen, daß unter dem Druck der Lebenspraxis sich auch bei dieser konservativen Regierung die Treue zu den falschen Prinzipien verbiegt. Im Zweifelsfalle siegt ein mit Ressentiments geladener Pragmatismus über eine grundsätzliche Orientierung – das war nicht nur in der Übersiedlerfrage der Fall, sondern auch in der Frage der Anerkennung der polnischen Westgrenze.

Die reine staatsrechtliche Lehre würde eine Anerkennung der polnischen Westgrenze auch heute noch verbieten. Die Bundesregierung weicht konsequent der Frage aus, wie der Artikel 116 unseres Grundgesetzes ausgelegt werden soll. Wer, wie Teile der CDU, immer noch an der völkischen Zugehörigkeit als Maßgabe für die staatliche Zugehörigkeit festhält, ist inkonsequent, wenn er auf die ehemaligen deutschen Ostgebiete verzichtet. Hans Magnus Enzensberger hat in einem Essay das Ende der Konsequenz gefeiert. In diesem Sinne können wir nur froh sein, wenn die Bundesregierung konsequent inkonsequent bleibt.

Für Bundeskanzler Kohl ist die deutsche Einheit vermutlich mit dem 3. Oktober 1990 abgeschlossen. Staatsrechtlich bedeutet dieser Tag nicht nur das Ende der DDR, sondern auch das Ende der alten Bundesrepublik. Für uns Sozialdemokraten beginnt der wirkliche Prozeß der Vereinigung erst nach dem staatsrechtlichen Akt. Wie machen wir weiter nach vollzogener rechtsstaatlicher Einigung?

Wie gehen wir um mit 40 Jahren unterschiedlicher Geschichte?

O Es ist ein Trugschluß, daß man soziale und politische Ordnungen wechseln kann wie die Kleider. Es ist ein konservativer Irrglaube, daß staatliche Institutionen und gesellschaftliche Ordnungen etwas Äußerliches seien, das den Menschen in seinem Innern nicht berührt und dementsprechend formt. Der Rückzug auf die Formel »Sie sind Deutsche wie du und ich« hilft in der Praxis nicht weiter, ja, diese Art der Gleichmacherei ist grotesk. Schon flüchtige Beobachtungen nach Öffnung der Mauer haben gezeigt, daß in der DDR ein anderes kollektives Bewußtsein herrscht, gewissermaßen ein anderes Psychogramm. Wie unterschiedlich unsere Vorstellungen von dem sind, was als selbstverständlich betrachtet wird oder nicht, zeigt die Diskussion über den Schwangerschaftsabbruch. Diese Diskussion hat auch damit zu tun, daß weit weniger Menschen in der DDR christlich erzogen wurden.
O Wir müssen die deutsche Einigung in die europäische Einigung einpassen.

Es ist das große Verdienst von Frankreichs Präsident François Mitterrand, daß er den deutschen Einigungsprozeß europäisch abstützte.
O Die in der DDR bereits vollzogene Anpassung der Wirtschaftsordnung an unsere muß von einer behutsamen Anpassung der unterschiedlichen Wohlstandsniveaus begleitet sein.

Ich spreche bewußt von einer behutsamen Angleichung des Wohlstandsniveaus, weil die Vereinigung beider Gesellschaftsordnungen nicht zu Lasten eines geteilten Volkes geschehen darf. Die Bundesregierung muß zur Kenntnis nehmen, daß nationale Parolen nur in begrenztem Umfang die Bereitschaft zu helfen wecken. Um diese Solidarität muß geworben werden, man darf aber dabei die Menschen in der DDR und hier nicht durch falsche Versprechungen hinters Licht führen. Im Vorfeld der deutschen Vereinigung wurde oft die Frage gestellt, was die denn kosten würde. Die Bundesregierung hat diese Frage gegen diejenigen gekehrt, die sie zu stellen wagten, so als plädiere jeder vernünftigerweise Skeptische dafür, alles beim alten zu lassen, wenn die deutsche Einheit zu teuer würde. Dabei ging es gerade denen nur darum, Klarheit zu schaffen, zu wissen, wie hoch der Beitrag der Bundesbürger denn sein muß, um eine sinnvolle Lösung zu ermöglichen.

Solidarität hat eine moralische und eine praktische Komponente: Sie sollte soviel Gerechtigkeit und Effizienz wie möglich bewirken. Ich habe zu zeigen versucht, daß unter beiden Gesichtspunkten die von der Bundesregierung beschlossene Währungsunion einem strengen Urteil nicht standhalten kann. Die Währungsunion ist nicht gerecht, weil sie die innere Spaltung der beiden Gesellschaften vergrößert, und sie ist nicht effizient, weil sie die konsumptiven Größen zu Lasten der investiven Größen einseitig fördert.

Wenn ich fortwährend Warnungen vor einem borniertem Wohlstandschauvinismus höre, dem die westdeutsche Gesellschaft angeblich verfallen ist, so zeigt dies doch nur, daß das eigentliche Problem verkannt wird. Erstens geht es darum, die einmal erworbene Lebensqualität zu bewahren, die weit über eine materielle Versorgung hinausreicht. Im Laufe der letzten 40 Jahre haben sich die Menschen in der Bundesrepublik nicht nur mit ihrem

»staatlichen Provisorium« arrangiert, sie haben diese zunächst übergestülpte Ordnung auch innerlich angenommen. Soll man sie dafür schelten? Ich kann nichts Negatives daran finden, wenn viele Bundesbürger tradierte Freiheiten, Sensibilität in ökologischen Fragen und ihre kulturellen Errungenschaften in das neue Deutschland hinüberretten wollen. Daß insbesondere die Sorgen über eine gefährdete Umwelt ernstzunehmen sind, werde ich noch zeigen. Zweitens leben Demokratien davon, daß sie ihre Bürger so akzeptieren, wie die sich nun einmal entwickelt haben. Wenn viele Menschen in der Bundesrepublik aus unterschiedlichen Gründen derzeit nicht bereit sind, tiefgreifende persönliche Belastungen für den Einigungsprozeß in Kauf zu nehmen, dann müssen wir dies (wenn auch bedauernd) zur Kenntnis nehmen. Eines aber können wir ganz sicher nicht: uns den Wunschbürger basteln. Es grenzt ohnehin schon fast an einen Skandal, daß die Bundesregierung die veränderte Verfassung nicht durch das Volk besiegeln lassen will.

VII. Ein ökologisch ausgerichtetes Wettbewerbsmodell für Deutschland

Die Lebensverhältnisse der Menschen werden durch die Umwelt wesentlich geprägt. Wer unter Einheit nicht nur den staatlichen Zusammenschluß, sondern vor allem die Angleichung der Lebensverhältnisse versteht, muß die Umweltpolitik ins Zentrum der gesellschaftlichen Vereinigung Deutschlands rücken. Soziale Gerechtigkeit ist nicht allein eine Frage des Einkommens, sondern eine Frage der Lebensqualität insgesamt. Es darf nicht sein, daß die Menschen in Bitterfeld häufiger erkranken und sogar früher sterben als die Menschen in Freiburg.

Wachstum um jeden Preis?

Gewiß hat die ostdeutsche Wirtschaft großen Nachholbedarf in vielen Bereichen: wirtschaftliches Wachstum kann und wird nicht ausbleiben. Aber es muß ein qualitatives, ökologisch verträgliches Wachstum sein. Auch in der »alten« Bundesrepublik wird in diesem Bereich noch immer viel gesündigt. Die Regierung Kohl droht sogar, in den unkritischen Wachstumsdiskurs der Nachkriegszeit zurückzufallen. Es ist ja kein Zufall, daß die Bundesregierung und besonders der FDP-Vorsitzende, Otto Graf Lambsdorff, gewissermaßen die fünfziger Jahre rekonstruieren wollen: Denn in deren Kategorien denken und argumentieren sie, wenn es um den wirtschaftlichen Wiederaufbau der DDR geht.

Weder die Bundesregierung noch der FDP-Vorsitzende haben erkannt, daß die ökologischen Versäumnisse, die uns bis in den Alltag hinein belasten, in erster Linie ein Problem der Industriegesellschaften sind, und erst in zweiter Linie ein Problem der politischen Ordnung. Es ist zwar unbezweifelbar richtig, daß die westlichen Industrienationen auch ökologisch effizienter waren als die Kommandowirtschaften des Ostens. Aber es ist ebenso richtig, daß unsere Wirtschaftsordnung, wie Kurt Biedenkopf das nennt, nicht planetar verallgemeinerungsfähig ist. Schlicht gesagt:

Wenn in China, Indien und der Sowjetunion die PKW-Dichte so wäre, wie bei uns oder in Amerika, dann wären Erdklima und Ozonschicht nun wirklich nicht mehr zu retten. Wenn wir uns vorstellen, daß in fernerer Zukunft sich der durchschnittliche Energieverbrauch pro Kopf dem der Amerikaner oder Kanadier annähert, dann hat schon die nach uns zwanzigste Generation keine Überlebenschancen mehr. Um diese Zukunft für die nachfolgenden Generationen zu retten, dürfen wir nicht zurückfallen in den vorkritischen Diskurs des »Wohlstands um jeden Preis«. Genauer gesagt: Wir müssen den Preis des Wohlstands neu bestimmen.

Der erste Klassiker der Nationalökonomie, Adam Smith, war von Hause aus Moralphilosoph. Noch vor seinem Standardwerk schrieb er seine »Theory of Moral Sentiments«. Adam Smith schrieb – im Vorgriff – ein Buch über die Ökonomie der industriellen Gesellschaft. Eine der Kernaussagen seines Buchs über den Reichtum der Nationen war die Hypothese, daß Zahl und Qualität der Güter allein von den technischen Möglichkeiten ihrer Herstellung begrenzt wären. Erst dieses Axiom macht plausibel, wieso die freie Konkurrenz das Lebenselixier der Wirtschaft ist. Trotz seiner Kritik an Adam Smith und insbesondere an dessen Nachfolger Ricardo hat Karl Marx die These von der freien Produzierbarkeit und damit Verfügbarkeit von Gegenständen noch schärfer formuliert. In seiner Werttheorie im ersten Band des Kapitals legt er dar, daß der Wert einer Ware, beziehungsweise die Tauschgleichheit verschiedener Waren allein durch die gesellschaftlich notwendige Arbeitszeit erklärt werden könne. Zwar gibt es in den Frühschriften von Marx auch andere Hinweise, aber für die Ökonomie hat die Natur letztendlich immer nur als etwas Verwertbares existiert. Ihr Wert – und damit letztendlich ihre Preisrelevanz – äußert sich darin, inwieweit sie in den Produktionsprozeß einbezogen werden kann. Nach dieser These können nur technische und menschliche Produktionsfaktoren knapp werden.

Kernelemente dieser Überlegungen spielen auch heute noch eine Rolle.

Wer streng ökonomisch im Rahmen beider Systeme denkt, der bezieht in die volkswirtschaftliche Rechnung die Kompensationskosten ein, die entstehen, wenn Umweltschäden ausgeglichen oder behoben werden sollen. Zu oft wird dabei von der falschen Voraussetzung ausgegangen, daß diese Kompensation immer möglich und nur eine Frage des Preises ist. Ich kann mir allerdings nicht vorstellen, wie denn die Schäden einer relevanten Klimaveränderung kompensiert werden könnten. Meines Erachtens gerät man dabei in die Gefahr, mit Modellen herumzuspielen, die nie in Realität umgesetzt werden können. Nach herkömmlicher volkswirtschaftlicher Rechnung wird ein Produktionsprozeß, mit dem hohe Kompensationskosten verbunden sind, als stärker wachstumsfördernd angesehen, als ein Produktionsverfahren, in dem umweltfreundliche Gegenstände von ähnlicher Qualität hergestellt werden.

Die Überlegungen der Arbeitsgruppe Fortschritt '90, die die SPD auf ihrem Parteitag in Münster eingesetzt hatte, laufen darauf hinaus, daß es gute Gründe gibt, frei verfügbare Güter, technisch determinierte Güter und natürliche Güter zu unterscheiden. Die Endlichkeit der natürlichen Güter – wo sie im ökonomischen Sinne knappe Güter sind – muß in unserer Wirtschaftspolitik berücksichtigt werden. Das alte klassische Axiom, wonach Produkte und Ressourcen frei verfügbar sind, entspricht nicht mehr unserer Wirklichkeit.

Deshalb können wir – entgegen der Regierungsmeinung – die DDR-Wirtschaft nicht mit denselben Instrumentarien aufbauen, wie seinerzeit die der Bundesrepublik. Hierfür seien noch einige weitere Gründe genannt:

1. In der Bundesrepublik gibt es eine Fülle von Altlasten, die nicht nach dem Verursacherprinzip entsorgt werden können. Die Sanierung der Deponie Georgswerder in Hamburg etwa würde den gesamten Jahres-Etat der Hansestadt verschlingen. Wenn jemand aber nicht nach dem Verursacherprinzip belangt werden kann, ist die Versuchung, verantwortungslos zu handeln, groß. Wir müssen unsere Wirtschaftsordnung so gestalten, daß solche Fehlentwicklungen weitgehend vermieden werden.

2. Industrielle Produktion ist ohne Energieumwandlung nicht möglich. Energie ist knappes Gut im ökologischen Sinne, aber auch ein endliches Gut der Natur. Diese Voraussetzung trifft jedenfalls solange zu, solange es uns noch nicht gelungen ist, ein Energieumwandlungsverfahren auf Solarbasis industriell zu nutzen. Der Verbrauch von Energie darf nicht allein An-

gebot und Nachfrage überlassen bleiben, weil die zukünftigen Nachfrager sich heute noch nicht auf den Märkten bemerkbar machen können.
3. Wir müssen in der Umweltpolitik von einer Nachsorge zu einer Vorsorge übergehen, auch dann, wenn dies das Wachstum in konventioneller Bedeutung begrenzt.
4. Die vom Statistischen Bundesamt in Aussicht gestellte Revision der Wachstumsrechnung müßte ein Maßstab sein, an dem sich die Rekonstruktion der Wirtschaft in der DDR ausweisen läßt.

Mir ist durchaus bewußt, daß es mühsamster Überzeugungsarbeit bedarf, um die Bürger in der Bundesrepublik und in der DDR für diesen Weg zu begeistern. Aus Sicht der Menschen in der DDR herrschen in der Bundesrepublik zwar keine paradiesischen Zustände. Dennoch genießen die Bundesdeutschen in ihren Augen unübersehbar mehr Lebensqualität. Aus der Sicht der Bundesbürger wiederum ist es einleuchtend, das Wirtschaftswachstum in der DDR um jeden Preis zu fördern, um die Kosten der DDR-Sanierung für die Menschen hier zu begrenzen. Tatsächlich braucht Ostdeutschland ein hohes Aufholwachstum. Dies ist ein völlig legitimer Gesichtspunkt. Uns unterscheidet von den Konservativen nicht, daß die Kosten begrenzt werden müssen. Aber wir wollen, daß diese Kosten redlich ermittelt werden. Denn erst eine Ermittlung der wirklichen Kosten erlaubt in der Praxis ein intelligentes Verhalten der am Wirtschaftsprozeß beteiligten Menschen.

Welchen vernünftigen Grund könnte es dafür geben, daß die Kosten für die Erhaltung des Gleiskörpers von der Bundesbahn aufgebracht werden müssen, die Kosten für die Erhaltung und den Ausbau unseres Straßennetzes aber nicht von den Autofahrern? Niemand kann genau sagen, ob Benzin- und Kfz-Steuer defizitär sind, kostendeckend, oder ob gar ein Überschuß erwirtschaftet wird. Eine solche unterschiedliche Behandlung, wie die von Bahnbetreibern und Autofahrern verzerrt den Wettbewerb. Die Kfz-Steuer nach Hubraumgröße festzusetzen, ist aber auch deshalb grotesk, weil der eine Autobesitzer 6000 Kilometer im Jahr fährt und dafür genau so viel bezahlen muß, wie derjenige, der mit einem Wagen gleichen Typs 60 000 Kilometer zurücklegt. Wir fordern vom mündigen Bürger zu Recht Eigeninitiative und verantwortliches Verhalten. Nach aller Erfahrung aber ist die Intelligenz und die Urteilskraft der einzelnen auf Dauer ohne Chance gegen unintelligente und ungerechte Ordnungen. Die Voraussetzung jeder intelligenten Wirtschafts- und Sozialordnung ist die Transparenz der Strukturen, die das Handeln unendlich vieler einzelner in einem System ermöglicht.

In der DDR haben in den letzten Jahren staatliche Preisverzerrungen zu einem subjektiv verständlichen, objektiv aber widersinnigen Verhalten der Bauern geführt. Der Brotpreis wurde, um dem Leitbild einer vermeintlichen sozialen Gerechtigkeit zu genügen, so stark subventioniert, daß auf dem Land zwei Drittel der Brotproduktion an Schweine verfüttert wurde.

Nun klingt es wenig einleuchtend, in einem Land, in dem ohnehin der Staat die Preise bestimmt, von einer Preisverzerrung zu reden. Mit verzerrten Preisen vermied der Staat ein Preisbildungssystem, dem realistische Produktionskosten zugrundelagen. Es waren gewissermaßen politische Preise.

Auch in Marktwirtschaften scheint die Rede von verzerrten Preisen deplaziert zu sein. Denn nach einer offenbar selten kritisch beleuchteten Einsicht richten sie sich hier nach Angebot und Nachfrage. Folgerichtig vermeidet Marx in seiner Analyse des Kapitalismus, von gerechten Preisen und von gerechten Löhnen zu reden.

In der Realität allerdings sehen die Dinge anders aus: Angebot und Nachfrage begrenzen mittelfristig den Aufschlag auf die Selbstkostenpreise, also das, was wir gemeinhin Gewinn nennen. Produkte dauerhaft unter dem Selbstkostenpreis anzubieten, ist logischerweise ruinös. Auch die Dumpingpreis-Politik der Japaner ist nur für eine begrenzte Zeit und eine begrenzte Produktpalette durchzuhalten.

Die Preisbildung nach Angebot und Nachfrage ist im Grunde eine sehr oberflächliche Betrachtung des Preisbildungsprozesses in entwickelten Marktwirtschaften. Im Kern geht man vielmehr davon aus, daß im freien Wettbewerb die Preise die relative Knappheit der Produktionsfaktoren Arbeit und Kapital in den verschiedenen Gütermengen widerspiegeln. Von einer Preisverzerrung ist dann die Rede, wenn der Wettbewerb nicht wirklich frei ist oder wenn die Preise der Knappheit der Produktionsfaktoren nicht entsprechen. Für Produkte im engeren Sinne, also Waren, sind beide Einschränkungen übrigens fast gleichbedeutend. Bei knappen natürlichen Ressourcen ist es allerdings ratsam, einen Schritt weiter zu denken. Meine erste Einsicht lautet: Wer die Vorteile der Marktwirtschaft nutzen will, muß ihre systematischen Preisverzerrungen, besonders wenn sie Umweltschäden und natürlichen Ressourcenabbau begünstigen, erkennen, deutlich machen und dann beseitigen.

Meine zweite Einsicht lautet, daß, wer die Vorteile der Marktwirtschaft nutzen will, den freien Wettbewerb erhalten und gegebenenfalls sein Gleichgewicht wieder herstellen muß. Denn es ist ein Mythos, daß der freie Wettbewerb einem Perpetuum mobile gleicht, das, einmal in Gang gekommen, immer wieder Kräfte freisetzt. Die Energieversorgung in der Bundesrepublik zeigt das nur allzu deutlich. Dabei ist darauf zu achten, daß die Freiheit nicht nur für die Personen gilt, die am Wirtschaftsprozeß beteiligt sind, sondern auch für die Ordnung, die ihre Interaktion prägt. Dieses nicht immer zu unterscheiden, ist einer der Fehler konservativen Denkens.

Das Marktwirtschaftssystem wird auch damit gerechtfertigt, daß es angeblich vom einzelnen ausgeht und zum einzelnen zurückkehrt. In der Sprache der Werbung heißt dies, der Kunde sei König. Im Wirtschaftsteil sogenannter seriöser Zeitungen heißt es, daß der Endverbraucher mit seiner Kaufentscheidung letztendlich bestimme, wie der Markt sich verhält.

Nun wissen wir aus dem alltäglichen Leben, daß wir es mit ganz unterschiedlichem Kauf- und Tauschverhalten zu tun haben. Als Kunde können wir wählen zwischen verschiedenen Uhrentypen und darunter wieder zwischen verschiedenen Modellen. Der Hersteller der Uhren wiederum kann wählen zwischen verschiedenen Zulieferfirmen. Die Arbeiter und Angestellten in der Uhrenfabrik haben sich in der Regel für einen Beruf entschieden, oder zumindest dafür, eine Tätigkeit zu erlernen. An ihrem Arbeitsplatz haben sie direkte und indirekte Möglichkeiten der Mitbestimmung.

Das sogenannte ökonomische Prinzip, wonach alle am Arbeitsprozeß Beteiligten den größtmöglichen Nutzen bei kleinstmöglichem Einsatz zu gewinnen suchen, kann sehr grob auf die Alltagswirklichkeit angewendet werden. Allerdings hat dieses »Kartell der Freiheit« seine natürlichen und seine historischen Grenzen. Eine Wettbewerbswirtschaft funktioniert nur zum Wohle aller, wenn gewisse Bedingungen eingehalten werden. Die DDR-Bürger erfahren gerade, wie die Preise für bestimmte Produkte in die Höhe getrieben werden. Ein Wettbewerb ohne eigene Wettbewerbsordnung untergräbt schon auf mittlere Sicht jede Chance, wirklich zum Wohle aller zu funktionieren. Denn jeder Wettbewerber neigt dazu, den Konkurrenten möglichst klein zu halten und sich eine Machtposition auf dem Markt zu erkämpfen. Das Kartellrecht für die DDR-Produktion zurückzustellen, schafft nur kurzfristig Vorteile, denen langfristig erhebliche Nachteile folgen.

Angesichts der vor uns liegenden Aufgaben genügt es nicht, das System Marktwirtschaft weiterzuentwickeln. Wir müssen die Funktion der Marktwirtschaft weiterentwickeln. Wir müssen uns immer wieder ihrer demokratischen und freiheitlichen Qualität versichern. Wir müssen diesem System seine Offenheit erhalten und seine Möglichkeiten nutzen, aus Fehlern zu lernen. Aber wir müssen auch erkennen, daß selbst die intelligenteste Wirtschaftsordnung auf lange Sicht nicht ausreicht, um eine ethische Umorientierung im gesellschaftlichen und ökologischen Bereich zu ersetzen. Auch die intelligenteste Wirtschaftsordnung kann bestenfalls dazu führen, daß wir den Energievorrat der Erde effizienter nutzen. Sie kann dazu führen, daß das natürliche Kapital, wie die Ökonomen sagen, zum besten Wirt geht. Sie wird deutlich machen, daß eine Million Mark investiert in die Energieeinsparung sinnvoller angelegt ist als eine Million Mark, die in den Bau neuer Atomreaktoren gesteckt wird. Sie ändert aber nichts an der Tatsache, daß unser Energievorrat endlich ist.

Deshalb ist auch die Welt, in der spätere Generationen

leben werden, eine der großen Herausforderungen unserer Zeit. Von dem Grundsatz des »schneller, höher und reicher« müssen wir uns also langsam verabschieden. Viele Gesellschaftstheoretiker, aber auch konservative Historiker sind der Meinung, daß Bescheidenheit und Bedarfseinschränkung mit unserem Wirtschaftssystem nicht zu vereinbaren sei. Die Menschen müßten immer mehr Bedarf entwickeln, um der Wirtschaft die entsprechenden Absatzmöglichkeiten zu sichern.

Einige Theoretiker der Industriegesellschaft haben schon frühzeitig darauf hingewiesen, daß es eine innere Grenze der Bedürfnisdynamik dieses Systems nicht gäbe. Der Grund für die grenzenlosen Bedürfnisse der Menschen in kapitalistischen oder marktwirtschaftlichen Systemen ist danach, daß Geld – im Gegensatz etwa zu Lebensmitteln – unbegrenzt gehortet werden kann. Jeder Mensch kann sich mühelos vorstellen, noch etwas reicher zu sein, als er schon ist.

Aus der Geschichte der Industriegesellschaft wissen wir, daß die Menschen, die es insbesondere in England vom Land in die Stadt zog, eher genügsam waren. Sie arbeiteten gerade solange, wie es zur Befriedigung ihrer tradierten Bedürfnisse erforderlich war. Bei entsprechendem Lohnniveau war dies oft nicht mehr als vier bis sechs Stunden. Aus Sicht der Unternehmer aber waren damit die Maschinen nicht ausgelastet. Deshalb wurden die Löhne so gesenkt, daß erst ein Zwölfstundentag den Arbeitern ihren Lebensunterhalt garantierte. Der gewerkschaftliche Kampf um den Normalarbeitstag war in der Vergangenheit gegen die grenzenlose Ausbeutung der Arbeiter gerichtet. Der gewerkschaftliche Kampf um die 35-Stundenwoche ist auch gerichtet gegen eine grenzenlose Ausbeutung der Natur und eine grenzenlose Expansion des Konsumbedarfs. Daß der Normalarbeitstag oder die Regelarbeitszeit nicht mehr in der individuellen unternehmerischen Disposition stehen, ist der größte Erfolg der Gewerkschaftsbewegung. Es ist ein Akt organisierter Freiheit und organisierter Solidarität. Arbeitszeitverkürzung fördert auch den Einsatz modernerer, in der Regel energiesparender Technologien und damit eine andere Zusammensetzung der Produktionsfaktoren. Sie war ein Katalysator auf dem Weg von der Industriegesellschaft zur Informationsgesellschaft.

Manch einer versucht jetzt im Hinblick auf die Sanierung der DDR-Wirtschaft, in der Bundesrepublik Arbeitszeitverkürzung in Frage zu stellen. Von der Wiedereinführung der 40-Stundenwoche in der Bundesrepublik ist die Rede. Mir ist ganz und gar unverständlich, wie die Wiedereinführung der 40-Stundenwoche in der Bundesrepublik die Attraktivität des Produktionsstandorts DDR verbessern sollte. Gerade die Differenz zwischen den Normalarbeitstagen in der DDR und in der Bundesrepublik würde die Chancen des Produktionsstandortes DDR doch eher vermehren.

Aus meiner Sicht geht es in der DDR jetzt darum, die Chance für eine Modernisierung dieser Wirtschaft voll zu nutzen. Nicht alle Fehler, die beim Wiederaufbau der bundesrepublikanischen Wirtschaft nach dem Krieg gemacht wurden, müssen in der DDR wiederholt werden. Denn es ist zwar richtig, daß die Menschen gemeinhin nur aus Fehlern lernen. Aber man lernt nicht aus der Wiederholung von Fehlern, sondern daraus, daß man sie zukünftig vermeidet.

Eine Marktwirtschaft für die DDR

Die politischen Umbrüche in den Ländern Mittel- und Osteuropas orientierten sich vor allem an zwei Zielen: Zum einen wollten die Menschen endlich Subjekte ihrer eigenen Geschichte werden und der staatlichen Bevormundung entfliehen, die ihnen so lange die Luft zum Atmen genommen hatte. Noch 1975 schrieb Havel von einer alltäglichen Demütigung und Erniedrigung. Zum anderen wollten sie Anschluß finden an das westliche Wohlstandsniveau, dem sie im Zeitalter der Kommunikation ohne Grenzen auf vielfältige Art und Weise begegneten. Zunächst mag es nur eine diffuse Ahnung gewesen sein, daß die Mechanik der Planwirtschaften ein gedeihliches Verhältnis von Arbeitseinsatz und Arbeitsertrag verhindert. Mit jedem mißlungenen Reparaturversuch an diesem System aber wurde klarer, daß nur ein Systemwechsel auf Dauer begründete Hoffnung versprach.

Für viele Menschen im Osten war der Begriff »Marktwirtschaft« längst zu einer Metapher für Wohlstand und Freiheit geworden. Was hätte auch näher gelegen als dieses erfolgreiche westliche Modell zunächst einmal zu kopieren? Sehr bald aber wurden sich die Menschen in Polen und in der ČSFR, in der Sowjetunion und in der DDR bewußt, daß man ein Wirtschaftssystem nicht kopieren kann wie einen Zeitungsartikel oder wie ein technisches Werkstück. Die Wirklichkeit der Wirtschaftssysteme sieht gänzlich anders aus, als die Theorie in den Lehrbüchern. Sie sind höchst komplizierte historische Gebilde, die von Menschen geprägt wurden und ihrerseits diese Menschen geprägt haben. Reale Wirtschaften sind gewachsene »soziale Organismen«, und nicht einfach mechanisch hergestellte Gefüge.

Hinzu kommt: Die in Westeuropa vorherrschende soziale Marktwirtschaft ist auch das Ergebnis eines mehr als hundertjährigen Kampfes der Sozialdemokraten und der Gewerkschaften. Ich bin weit davon entfernt zu behaupten, daß es der sozialen Marktwirtschaft gelungen sei, endgültig die Einheit von wirtschaftlicher Effizienz und sozialer Gerechtigkeit herbeizuführen. Die soziale Marktwirtschaft hat weder das Problem der Vermögensverteilung gelöst, noch sichert sie eine Teilhabe aller am wirtschaftlichen Wachstum. Es wäre schon ein Erfolg, wenn wir aus einer Zwei-Drittel-Gesellschaft eine Vier-Fünftel-Gesellschaft machen könnten. Leider ist es ein Charakteristikum aller Marktwirtschaften, daß sie Erwerbslosigkeit und Konkurse hervorbringen. Erst diese produktive Zerstörung – so Schumpeter – sichert ihre wirtschaftliche Dynamik. Dem einzelnen, der vom Konkurs eines Betriebes betroffen wird, kann dieses nicht angelastet werden. Die sozialen Sicherheitssysteme sollen letzten Endes dafür sorgen, daß Menschen, die ohne individuelle Schuld in Not geraten sind, dennoch an den Erträgen des Wirtschaftsprozesses teilhaben können. Wie und in welcher Höhe diese Teilhabe gesichert werden kann, das markiert hier den konkreten Kampf der Gewerkschaften und der Sozialdemokratie um soziale Sicherheit.

Auch die Marktwirtschaft muß ökologisch weiterentwickelt werden – davon habe ich an anderer Stelle in diesem Buch schon gesprochen. Bis zum Jahrtausendwechsel werden zwei Problemkreise die wirtschaftliche Debatte in Deutschland beherrschen:

1. Wie erfolgreich verläuft die Umstellung der östlichen Kommandowirtschaften auf Marktwirtschaften?

2. Wie erfolgreich verläuft die Vereinigung der Lebensverhältnisse in den ehemaligen beiden deutschen Staaten?

Eine sofortige Integration der UdSSR in die Weltwirtschaft würde, wenn sie denn möglich wäre, zu großen Verwerfungen in der sowjetischen Wirtschaft führen. Dies wäre verantwortungslos gegenüber den Bürgern in der Sowjetunion. In Deutschland dagegen wird das Unmögliche versucht. Die Lehrbuchökonomen sagen uns, daß der freie Wettbewerb den Strukturwandel in der DDR beschleunigen würde. Der freie Wettbewerb kann aber auch alle Strukturen zerstören, wenn die Chancen im Wettbewerb der beteiligten Wirtschaften, der beteiligten Betriebe und der beteiligten Menschen so kraß unterschiedlich sind, wie das zwischen DDR und Bundesrepublik nun einmal der Fall ist. Deshalb muß der Strukturwandel in der DDR behutsam gestaltet werden.

Die Aufgabe

Für die vor uns liegende Epoche sind zwei miteinander korrespondierende, teilweise auch konkurrierende Problemlösungen charakteristisch. Sie lassen sich so beschreiben:

1. Mittel- und langfristig müssen wir die Marktwirtschaft für ganz Deutschland so gestalten, daß sie auch das Leben zukünftiger Generationen berücksichtigt: Ökologie gleich Langzeitökonomie.
2. Kurz- und mittelfristig müssen wir alles tun, um die Länder der früheren DDR als Produktionsstandort zu

retten. Wir sind es den Bürgern dort schuldig, daß die mehr als 40jährige Bevormundung durch die kommunistische Partei nicht von einer Bevormundung durch die westdeutsche Wirtschaft ersetzt wird. »Hilfe zur Selbsthilfe«, diese bisher nicht eingelöste Maxime sollte endlich ernst genommen werden.

Wir stehen einer wirtschaftlichen Situation gegenüber, die in Lehrbüchern der Ökonomie nicht vorkommt. Lösungen nach Schema F sind genauso untauglich wie ideologische Entwürfe. Wer in der DDR von heute auf morgen das Land Ökotopia konstruieren will, wird genauso scheitern wie jemand, der die DDR als Unternehmer-Dorado aufzubauen versucht. Gefordert ist vielmehr ein intelligenter Pragmatismus, der die Chance laufender Selbstkorrektur bewahrt.

Von der ersten Aufgabe habe ich schon gesprochen. Auch die Marktwirtschaften müssen ihr Preisbildungssystem reformieren, um die Kluft zwischen betriebswirtschaftlichem Ertrag und volkswirtschaftlichem Sinn zu verringern. Es ist notwendig, die verdeckten Kosten unserer Industriegesellschaft transparent zu machen. Derzeit praktizieren wir eine Ökonomie, die über scheinbar unbegrenzte Räume und Ressourcen verfügt. Wir verhalten uns wie die Pioniere im »Wilden Westen«, die auf Umweltzerstörung oder Rohstoffverschwendung keine Rücksicht zu nehmen brauchten. Sie zogen einfach weiter und fanden neue Räume mit unbeschädigter Natur.

Eine solche Art des Wirtschaftens kann nicht als Modell für weniger entwickelte Volkswirtschaften dienen. Joschka Fischer hat darauf aufmerksam gemacht, daß nach dem Ende des Kommunismus die Last der Verantwortung allein von den marktwirtschaftlichen Systemen getragen werden müsse. Dieser Verantwortung müssen wir weltweit gerecht werden. Heute geht es darum, die natürlichen Grundlagen unserer Ökonomie zu berücksichtigen und dauerhaft zu sichern.

Wir leben aber immer noch unter dem Primat einer ökonomischen Betrachtungsweise. Sie ist von der Formel geprägt, daß mehr Wirtschaftswachstum zugleich mehr Fortschritt sei und mehr Wohlstand bedeutet. Eine solche Sicht führte nicht nur in die Irre, sie birgt auch eine zunehmende Bedrohung für das Leben und die Gesundheit der Menschen, für die Überlebensfähigkeit unseres Ökosystems Erde. Besonders verhängnisvoll wirkt sich dabei die Rolle des Bruttosozialprodukts als Wachstumsmaßstab aus. Nach herkömmlichem Denken werden die Wirtschaftsentwicklung und die Wirtschaftspolitik nach der Höhe des erreichten Wirtschaftswachstums qualifiziert. Doch der Erfolg ist nur vorgegaukelt. Höheres Wirtschaftswachstum bedeutet nämlich auch mehr Umweltzerstörung und mehr Ressourcenabbau. Das Wachstum des Bruttosozialprodukts geht in zunehmendem Maße zu Lasten der Faktoren, die es überhaupt erst möglich machen. In unserem Preisfindungssystem werden diese Schäden ihren Verursachern nur unzureichend in Rechnung gestellt. Der Zusammenhang zwischen Produktion, Konsumption und deren Folgeschäden wird systematisch verschleiert. Umweltschäden und Umweltinvestitionen, Verkehrsunfälle und Berufskrankheiten gehen undifferenziert in das volkswirtschaftliche Wachstum ein. Nach einem schweren Verkehrsunfall mit erheblichem Personen- und Sachschaden summieren sich die Arzt-, Werkstatt-, Gerichts- und Versicherungskosten zu einem Wachstumsplus, obwohl durch den Unfall Menschen geschädigt und Werte vernichtet wurden.

Welche Umweltprobleme unqualifiziertes Wirtschaftswachstum aufwirft, ist inzwischen hinreichend bekannt. Und dennoch wird dieser Zusammenhang vielfach heruntergespielt. Dazu kommt noch der schwer durchschaubare innere Widerspruch, der darin besteht, daß Folgen der Marktwirtschaft nachträglich »korrigiert« werden, um ökologische Schäden zu mildern. Offiziell gilt das sogenannte Vorsorgeprinzip. Es bestimmt zwar eine Reihe maßgeblicher umweltpolitischer Gesetze, doch die marktwirtschaftliche Praxis sieht anders aus: »Das Geld für den Umweltschutz muß erst mal verdient werden, bevor es ausgegeben werden kann!« In Wahrheit heißt dies oft: Erst gewinnbringend, aber umweltschädigend zu produzieren, dann die Schäden notdürftig, wenn auch unter großem propagandistischem Getöse zu reparieren. Das ist so, als würde eine Feuerschutzversicherung eine ansehnliche Zahl von Brandstiftern beschäftigen, um ihre Gewinne zu maximieren.

Gleichwohl weigern sich die Bundesregierung und leider auch viele Wirtschaftswissenschaftler, diese Tatbestände zur Kenntnis zu nehmen. Kurt Biedenkopf hat in einem Vortrag im Oktober 1987 vor dem Aspen-Institut in Berlin auf dieses Dilemma hingewiesen: »Hier sehe ich die eigentliche Schwachstelle zukünftiger Entwicklung. Das Beharrungsvermögen der Institutionen und der politischen Gruppierungen ist enorm. Es äußert sich bereits im Widerstand gegen die Aufdeckung neuer Sachverhalte. Die Beschreibung der heutigen Wirklichkeit löst zugleich einen Legitimationsbedarf bei solchen Institutionen aus, die sich aus der Wirklichkeit von vorgestern rechtfertigen. Deshalb wollen sie mit der neuen Wirklichkeit nicht konfrontiert werden. So kommt es zu den politischen Auseinandersetzungen über das, was die heutige

Wirklichkeit ausmacht: Zum Kampf um die Sachverhalte.« (Tagesspiegel vom 31. 1. 1987)

Diese zumeist auf der Basis von wissenschaftlichen Expertisen ausgetragenen Kämpfe um soziographische und ökonomische Definitionen drücken nicht nur auf die Qualität der Debatte, sie vernebeln auch die Einsicht, daß unsere Industriesysteme von Preisverzerrungen profitieren, die, ökologisch gesehen, zur Entwertung und Zerstörung von Eigentum und Marktanteilen führen. Die Prozesse der Kostenabwälzung, der Kostenverlagerung in andere Umweltbereiche und Regionen oder in die Zukunft, bedrohen die Natur und damit die Grundlage menschlichen Wirtschaftens und menschlichen Lebens.

Für eine ökologische Demokratie

Die Umweltpolitik der vergangenen Jahrzehnte stützte sich hauptsächlich auf das im Grunde genommen aus dem neunzehnten Jahrhundert stammende polizeirechtliche Instrumentarium der Ge- und Verbote. Sie hat zu einem schonenderen Umgang mit der Umwelt kaum beigetragen. Ulrich Beck spricht in seinem Buch »Gegengifte« zu Recht von einem Zeitalter der »Gefahrenverwaltung«. Die überkommenen polizei- und strafrechtlichen Kriterien der Zurechnung und der Verantwortlichkeit versagen angesichts der hochkomplexen technologischen Vernetzung, die den industriellen Produktionssystemen eigen ist. Das vielbeklagte »Vollzugsdefizit« in der Umweltpolitik war letztendlich häufig Reflex der selbstverordneten staatlichen Handlungsunfähigkeit. Wir müssen dazu kommen, das Eigeninteresse aller für den Umweltschutz zu wecken: Über die Möglichkeiten kostensparender Verhaltensänderungen könnte zum Beispiel in dem zentralen Bereich der Energieversorgung das immer wieder beschworene Vorsorgeprinzip wesentlich konsequenter als bisher in der Umweltpolitik realisiert werden.

Die Marktwirtschaft in den Dienst der Ökologie zu stellen, kann nur ein Element dieser Strategie sein. Allein auf die Selbstregulierungsfähigkeit des marktwirtschaftlichen Preismechanismus zu vertrauen, hieße, sich um wesentliche Optionen für die Zukunft zu bringen. Der ökologische Umbau der Industriegesellschaft bedarf eines spannungsreichen Zusammenwirkens einer Vielzahl von pragmatischen und zugleich phantasievollen Konzepten.

Die öko-marktwirtschaftlichen Kräfte können die ordnende Hand des Staats nicht in allen Bereichen einfach ersetzen. Gebote und Verbote, etwa für die FCKW-Produktion, bleiben notwendig. Umweltabgaben machen ebenfalls Sinn.

Wenn es richtig ist, daß der Mensch eine kollektive Verantwortung trägt, Schädigungen zu verhindern und für eine menschenwürdige Existenz seiner Gattung zu sorgen, dann dürfen zukunftsgestaltende Entscheidungen nicht von politischen oder administrativen Instanzen alleine getroffen werden.

Angesichts der vor uns liegenden Entwicklung geht es vor allem darum, die Möglichkeiten der einzelnen Menschen zur bewußten, eingreifenden Verantwortung zu stärken. Aber nur ein zur persönlichen Freiheit befähigtes und zugleich seiner Verpflichtung gegenüber der Gemeinschaft und der Natur bewußtes Individuum ist in der Lage, Verantwortung zu übernehmen. Dies setzt die Fähigkeit zur Kommunikation und die Bereitschaft zur Solidarität voraus. Eine verunsicherte, urteilsenteignete Persönlichkeit wird schwerlich in der Lage sein, bei Fragen der Zukunftsgestaltung kompetent mitzureden und mitzuwirken.

Allerdings läßt sich eine entsprechende Haltung nicht staatlich dekretieren oder gar erzwingen. Eine humane und ökologische Demokratie muß die gesellschaftlichen Verhältnisse so gestalten, daß für die Entwicklung des Individuums auf allen Ebenen und in allen Bereichen genügend Spielraum der Entfaltung bleibt.

Wichtigen politischen Entscheidungen – vor allem natürlich zu Fragen, die das Leben künftiger Generationen betreffen – muß ein breiter öffentlicher Diskurs vorangehen. Die Politik sollte den Dialog mit den unterschiedlichsten gesellschaftlichen Gruppen suchen. Noch aber verhindern die gängigen Formen der politischen Konfliktbewältigung, die häufig zu bloßen Ritualen erstarrt sind, einen solchen Bürgerdialog. Die Modernisierung des politischen Systems, seiner Kommunikations- und Entscheidungsstrukturen ist dringend erforderlich. An die Stelle der organisierten Unverantwortlichkeit muß eine organisierte, universalistisch gesinnte Verantwortungsgemeinschaft treten. Ohne aktive Gestaltung und Anteilnahme seitens der Bürger ist ein ökologischer Umbau unserer Gesellschaft, ein ökologisches Deutschland in einem ökologischen Europa, eine ökologische Weltinnenpolitik nicht zu bewältigen.

Nur wenn wir mehr Demokratie wagen, können wir verhindern, daß nicht der westdeutsche Hang zur Profitmaximierung und der alte ostdeutsche Hang zur Geheimniskrämerei eine fatale Koalition eingehen. In der DDR lag der Umweltschutz ausschließlich in Händen einer schwer durchschaubaren Verwaltung. Die Verbesserung der ökologischen Situation hatte gegenüber den Produktivitätsvorgaben allemal das Nachsehen. Zudem verhinderte ein gravierender Mangel an Information, daß die DDR-Bevölkerung umweltbewußtes Verhalten überhaupt entwickeln konnte. Eine demokratische Gegenöffentlichkeit, die auf die Umweltsituation hätte Einfluß nehmen können, existierte gleichfalls nicht.

Ganz offenkundig hatte der Systemwettlauf der Vergangenheit seine Rechnungen ohne die Natur gemacht. Im Grunde genommen verlief die ökologische Konfliktlinie nicht zwischen Kapitalismus und Sozialismus, sondern zwischen Industriegesellschaft und Natur. Die Frage, wie wir die Natur erhalten können, steht inzwischen gleichrangig neben der sozialen Frage.

Ihre Antworten auf diese Fragen hat die SPD gleichsam als Elemente einer Langzeitökonomie formuliert, die davon ausgeht, daß wir den zukünftigen Generationen nicht einen ökologisch verwüsteten Planeten hinterlassen dürfen. Eine solche Langzeitökonomie bedarf jedoch der Ergänzung durch einen Plan, nach dem die Wirtschaft der Länder der früheren DDR auf wirksame und ökologisch sinnvolle Weise kurzfristig aufgebaut und zugleich umgebaut werden kann.

Zwei konkurrierende Modelle

Auch wenn gerade durch die ökologische Krise offenkundig wurde, daß schematische oder ideologische Operationen die Probleme nicht bewältigen können, so gibt es für die ostdeutsche Wirtschaft gleichwohl zwei Entwicklungsmodelle mit unterschiedlichen Profilen: ein konservatives »Beharrungsmodell« und ein sozialdemokratisches »Reformmodell«.

Zu einem grundlegenden Umbau der DDR-Wirtschaft gibt es keine Alternative. Deshalb stellt sich automatisch die Frage, in welche Richtung die Entwicklung denn nun gehen soll. Zugespitzt formuliert, stehen sich zwei politische Strategien gegenüber. Einerseits kann man die Dinge so laufen lassen, wie dies auch in der Bundesrepublik bislang geschah – also ein Modell verwirklichen, das im wesentlichen auf Großtechnologien setzt, die Atomenergie bevorzugt und eine kompensatorische Umweltpolitik betreibt. Andererseits kann man versuchen, eine gesamtdeutsche Industriegesellschaft so anzusetzen, daß technische und ökonomische Entwicklung und ökologischer und sozialer Fortschritt einander nicht gegenseitig behindern.

Das erste Modell sieht vor, daß lediglich der westdeutsche Status quo ohne Kurskorrektur auch im östlichen Deutschland herbeigeführt werden soll. Dagegen zielt der zweite Weg auf eine strukturelle Veränderung der ostdeutschen Wirtschaft im Rahmen eines ökologischen Umbaus der gesamtdeutschen Wirtschaft. Dabei steht die Umgestaltung zentraler Wirtschaftsbereiche – wie Energieversorgung, Verkehr, Landwirtschaft und chemische Industrie – im Vordergrund. Ein solcher Strukturwandel, der die ökonomischen, ökologischen und sozialen Bedingungen integriert, hat eine unabdingbare Voraussetzung: eine ehrliche Bilanz muß gezogen werden. Insbesondere die Erblast der DDR muß in einer ökologischen Schadensbilanz erfaßt werden.

Die Umweltdaten für die Länder der früheren DDR offenzulegen, ist nicht allein ökologisch und ökonomisch geboten. Auch für den Demokratisierungsprozeß ist eine solche Durchsichtigkeit von entscheidender Bedeutung. Nur wenn die notwendigen Prozesse für alle durchschaubar und einsichtig sind, kann das Verantwortungsbewußtsein der Bevölkerung angesprochen werden.

Das erste Modell birgt die akute Gefahr, daß der Umweltschutz – selbst wenn es in einigen Bereichen, etwa der Braunkohleverstromung, Verbesserungen geben sollte – langfristig auf der Strecke bleibt. Mehr als einmal wurde schon die Forderung laut, die Investitionsbereitschaft westdeutscher Unternehmer nicht mit sozialen oder ökologischen Auflagen zu bremsen.

Diese Gefahr wird um so größer, je tiefgreifender die ökonomischen Einschnitte und sozialen Härten in der Folge einer überhasteten Angliederung an das bundesdeutsche System sind. Denn zweifellos führt das hohe Tempo der Vereinigung und der damit einhergehende Anpassungsdruck auf die ostdeutsche Wirtschaft zu hoher Arbeitslosigkeit. Die jetzt, im Herbst 1990, erkennbaren Verhältnisse auf dem Arbeitsmarkt sind nur die Spitze eines Eisbergs, an dem das Wirtschaftsschiff zerschellen wird, wenn die Verantwortlichen nicht radikal umdenken.

Auf jeden Fall müssen wir verhindern, daß die Existenzängste der Beschäftigten dazu mißbraucht werden, weiterhin einer die Umwelt zerstörenden Politik zu folgen. Dem ökologischen Umbau muß eine sozial verträgliche, integrierte Konzeption der Arbeitsmarkt-, Beschäftigungs- und Regionalpolitik zugrunde liegen. Eine passive Sozialpolitik, die nur darauf setzt, Arbeitslosigkeit zu finanzieren, muß abgelöst werden von einer aktiven Sozialpolitik, die auch die berufliche Qualifizierung fördert.

Kurzfristig erscheint dennoch ein Zielkonflikt zwischen Umweltschutz und hohem Beschäftigungsstand unvermeidlich. Zunächst muß entschieden darauf geachtet werden, daß ein ökologisches Umdenken nicht ausgerechnet die sozial Benachteiligten trifft. Nur wenn die Existenzängste der Bevölkerung vor Massenarbeitslosigkeit (insbesondere in Regionen mit extremer Umweltbelastung) ernst genommen werden, hat eine Strategie der ökologischen Sanierung der DDR und des ökologischen Umbaus einer gesamtdeutschen Industriegesellschaft Aussicht auf Erfolg. Nicht weniger, sondern mehr soziale Gerechtigkeit gilt es dabei durchzusetzen.

Mittelfristig bietet der ökologische Umbau der Industriegesellschaft in Gesamtdeutschland die Chance, neue und anspruchsvolle Arbeitsplätze zu schaffen.

Darüber hinaus dürfen wir nicht übersehen, daß die DDR, unter umweltpolitischen Gesichtspunkten betrachtet, in einigen Bereichen auch Vorteile gegenüber dem bundesdeutschen System aufzuweisen hat. Dies gilt etwa für die geringere Belastung durch Autoverkehr und für eine dezentrale Energieversorgung.

Die Bundesrepublik ist weit davon entfernt, ein umweltpolitisches Musterland zu sein. Die Atomenergie mit ihrer ungeklärten Entsorgungssituation, die immer noch weitestgehend zentral angelegte großtechnologische Energieversorgung, die mangelhaften Maßnahmen zur Luftreinhaltung, das ineffiziente und umweltbelastende Verkehrssystem, die ungeklärten Probleme der Entsorgung chemischer Produkte, die Wasserverschmutzung und Bodenbelastung durch die Landwirtschaft oder die offenen Fragen der Abfallentsorgung sind Probleme, die verschleppt wurden, auch von sozialdemokratisch geführten Regierungen.

Die künftige gesamtdeutsche Umweltpolitik wird wesentlich davon abhängen, welcher Weg im östlichen Deutschland beschritten wird. Werden dort nämlich nur die westdeutschen Verhältnisse kopiert, wird es auf beiden Seiten der früheren Grenze nicht zu den dringend erforderlichen Veränderungen kommen.

Die Konservativen verhehlen nicht, daß sie keine neuen Wege beschreiten, sondern auch in der Umweltpolitik in ihrem »Beharrungsmodell« verhaftet bleiben. CDU-Generalsekretär Rühe ließ zum sozialdemokratischen Regierungsprogramm verlauten, der ökologische Umbau der Industriegesellschaft passe nicht in diese Zeit der deutschen Vereinigung. Für jeden vernünftigen Menschen hingegen steht außer Frage, daß das System der Industriegesellschaften generell nach ökologischen Kriterien reformiert werden muß. Der Kern dieser Reformen muß darin bestehen, unser bisheriges Verhalten gegenüber der Natur von Grund auf umzustellen. Der Kasseler Sozialökologe Hans Immler hat diesen Imperativ formuliert: »Es geht darum, die Wertproduktion durch Naturausbeutung einzustellen, und statt dessen eine Reichtumsproduktion durch Naturerhalt zu begründen. Dies ist ein revolutionäres Projekt. Von seinem Gelingen hängt die Zukunft der Menschheit ab.« (Frankfurter Rundschau, 3. Juli 1990, S. 13.)

Solidarität und die Ethik einer universellen Verantwortung

Nach dem Weltbevölkerungsbericht der Vereinten Nationen für das Jahr 1990 leben derzeit 5,3 Milliarden Menschen auf der Erde. Zwischen 90 und 100 Millionen Menschen werden in den 90er Jahren jedes Jahr, vor allem in den ärmsten Ländern, hinzukommen.

Wenn wir weiter den herkömmlichen Entwicklungsmustern folgen, wird die Zahl der Armen, Kranken, Unterernährten, der Heimat- und Obdachlosen weiter ansteigen. Hinzu kommt, daß die Industrieländer, überwiegend verantwortlich für die Schädigung der Ozonschicht, das Ungleichgewicht noch weiter zu ihren Gunsten verschieben werden.

Der Generalsekretär der Vereinten Nationen, Javier Perez de Cuellar, hat die Herausforderungen, vor denen wir stehen, auf einen Nenner gebracht: »Der Gang der Zivilisationsgeschichte der Menschheit hat uns dahin geführt, daß wir nunmehr nicht nur mit dem Problem eines Landes oder einer Gruppe von Ländern oder einer Region konfrontiert sind, sondern mit denen der Erde als Einheit. Nichts Vergleichbares passierte je in der Menschheitsgeschichte. An keinem der Wendepunkte in der Vergangenheit verbot sich der Luxus von selbst, daß eine Nation rücksichtslos nur den eigenen privaten Garten kultivierte, auch wenn sich dadurch daneben die Wüste ausbreitete. Inzwischen wissen wir, daß unser gemeinsames Erbe und Zuhause von einer Giftwolke bedeckt werden wird, wenn wir nicht gegenüber der drohenden Gefahr aufwachen.«

Die drohende Zerstörung unserer natürlichen Lebensgrundlagen, die Vergeudung wertvoller Ressourcen, die Verarmung der Entwicklungsländer und die sozialen, regionalen und politischen Umwälzungen in den Staaten Osteuropas sind sichtbare Zeichen eines Prozesses, der in grundlegend neuer Weise Fragen nach den Lebens-, ja Überlebensbedingungen der Menschheit aufwirft.

Die reichen Industrieländer müssen fähig und bereit sein, ihren Rohstoffverbrauch zu drosseln, die ökologische Kolonialisierung der Entwicklungsländer einzustellen und auf sozial- und umweltverträgliche Produktionsweisen umzustellen.

Die bisherigen Antworten auf die drängenden Fragen der Industrialisierung und der Weltökologie sind unbefriedigend. Zentrale Probleme können derzeit noch nicht in entsprechender Weise global gelöst werden. Deshalb müssen wir Zeit zum Nachdenken und zur Entwicklung einer Politik der Umgestaltung gewinnen. Den Schlüssel für eine derartige Politik besitzen allein die Industrienationen. Ohne eigene ökologische Glaubwürdigkeit ist jede Empfehlung an die verarmten Entwicklungsländer, doch endlich umweltverträglicher zu wirtschaften, nichts als Zynismus.

Auch wenn manche Länder oder Regionen bereits über Gewinne aus der Klimakatastrophe spekulieren, wird doch immer mehr erkannt, daß die Menschheit nur weiterexistieren kann, wenn sie zu einem gemeinsamen Handeln findet, wenn sie in der Lage ist, eine Solidarität der Gattung zu entwickeln. Mehr denn je ist heute die Solidarität der Menschheit und die politische Verantwortung für die Menschheit gefordert. Jürgen Habermas weist darauf hin, daß Solidarität nur als Bestandteil einer universalistischen Moral ihren partikularen, gegen andere Gruppen sich abschließenden, beschränkten Sinn verliert. Dem traditionellen Verständnis von Solidarität, das sich auf die Forderung »Alle für einen, und einer für alle!« zurückführen läßt, haftet die Begrenzung auf eine Gruppe an, es ist eine am Gegner fixierte Solidarität.

Wie berechtigt Jürgen Habermas' Forderung ist, daß ohne eine Moralisierung der öffentlichen Themen entwickelte Gesellschaften nicht auskommen, wird nirgendwo so deutlich wie auf dem Gebiet der Ökologie. Heute würden nur noch wenige Menschen einen strikten Zusammenhang zwischen technologischer Innovation und moralischer Evolution behaupten. Der technische

Verstand hat sich schneller entwickelt als die praktische Vernunft. Die alltägliche Moral hält nicht Schritt mit den dem Menschen zugewachsenen Möglichkeiten.

Nur auf der Basis einer universalistischen Ethik solidarischer Verantwortung läßt sich eine Politik entwickeln, die Schädigungen verhindert und die materiellen Existenzbedingungen der Menschheit sichert, und die auch den zukünftigen Generationen zuträgliche Lebens- und Umweltbedingungen hinterläßt. Eine solche Konzeption einer den nationalen Rahmen überschreitenden Solidarität fordert die moralische Verbundenheit der Menschen in einer ökologisch-ökonomisch verflochtenen Welt. Es gilt eine weltweite wechselseitige Verpflichtung, die Interessen der anderen beim eigenen politischen Handeln zu beachten. Auf der Grundlage einer solchen Ethik läßt sich Solidarität als Leitidee des sozialen Wandels und eines neuen menschlichen Miteinanders erhalten. Das »Prinzip Verantwortung« aber auch das »Prinzip Hoffnung« sind Garanten für eine menschenwürdige Zukunft.